...und Gott sprach:

1. Du sollst keine anderen Götter haben neben mir
2. Du sollst den Namen des Herrn nicht missbrauchen
3. Du sollst den Feiertag heiligen
4. Du sollst deinen Vater und deine Mutter ehren
5. Du sollst nicht töten

6. Du sollst nicht ehebrechen
7. Du sollst nicht stehlen
8. Du sollst nicht falsch Zeugnis reden
9. Du sollst nicht begehren deines Nächsten Haus
10. Du sollst nicht begehren deines Nächsten Weib

# die berg predigt

**Eine Interpretation**
**in Bildern der Gegenwart**
**Gestaltet von**
**Eberhard Wolf**

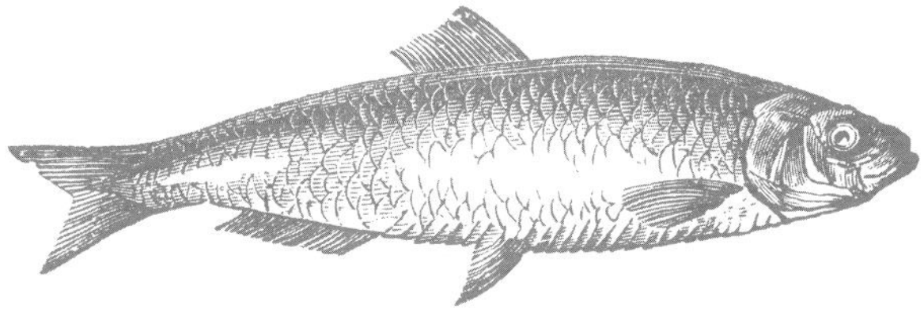

# Die Bergpredigt – ein Aufbegehren gegen die Welt

»Eure Rede aber sei: Ja, ja; nein, nein. Was darüber ist, das ist vom Übel.« Diese Aufforderung lässt nichts an Klarheit vermissen und fasst zusammen, was die Bergpredigt den Menschen abverlangt: Position zu beziehen und sich nicht hinter einem unentschiedenen Sowohl-als-auch zu verstecken. In dieser Unbedingtheit ist die Bergpredigt der Kern aller christlichen Ethik und blickt auf eine lange Wirkungsgeschichte zurück, die im Neuen Testament selbst, im Jakobusbrief, schon ihren Anfang nahm. Von Augustinus bis Dorothee Sölle, von Karl Marx bis Max Weber, von Leo Tolstoi bis Mahatma Gandhi und weit darüber hinaus reicht die lange Reihe derer, die um das Verständnis dieses so zentralen Bibeltextes gerungen haben. Christen wie Nichtchristen fühlen sich von dieser ersten großen Rede Jesu – es sind gerade mal drei Kapitel im Matthäusevangelium – herausgefordert. Mahatma Gandhi, so heißt es, habe über die Bergpredigt gesagt: »Wenn da nur die Bergpredigt und meine eigene Interpretation dazu wären, würde ich nicht zögern zu sagen: »O ja, ich bin ein Christ. ... Leider ist aber viel, was unter dem Namen Christentum läuft, eine Negation der Bergpredigt.«

Von dieser Spannbreite ist alle Reaktion auf die Bergpredigt bestimmt. Sie ist ein Aufbegehren gegen unsere Welt und gleichzeitig ein Blick auf die Welt, wie sie ist. Sie nennt die Nöte der Menschen beim Namen und klagt Gerechtigkeit ein. Sie ist unzweifelhaft eines der bedeutendsten Zeugnisse der abendländischen Kultur, obwohl ihre Verheißungen aller menschlichen Erfahrung widersprechen. Sie ist, wie es Robert Leicht ausgedrückt hat, Zuspruch und Widerspruch in einem. Eine Utopie, die tief im Wesen des Menschen verankerte Bedürfnisse anspricht und deshalb bis heute nichts von ihrer Schärfe verloren hat – im Gegensatz zu mancher politischen Utopie, die mit dem Versuch, sie in die gesellschaftliche Wirklichkeit zu übertragen, gescheitert ist.

Doch die Bergpredigt ist mehr als die Utopie von der irdischen Gerechtigkeit – sie besitzt, und das wird oft übersehen, auch eine spirituelle, eschatologische Dimension. Das wird schon in der ersten Seligpreisung deutlich, in der jenen das Himmelreich zugesprochen wird, die da geistlich arm sind, wie Martin Luther übersetzt hat. Deutlicher noch ist die religiöse Rückbindung in der Einheitsübersetzung erkennbar: »Selig sind, die arm sind vor Gott, denn ihnen gehört das Himmelreich.« Um wie viel gefälliger für unsere Ohren klingt da Lukas, der in seiner Feldrede – dem biblischen Paralleltext zur Bergpre-

# Vorwort

digt –, wiederum in den Worten Martin Luthers, verkünden lässt: »Selig seid ihr Armen, denn das Reich Gottes ist euer.« In der Bergpredigt aber geht es nicht nur um jene materielle Armut, die Lukas benennt, es geht vielmehr um eine Armut, die überhaupt nichts mehr besitzt, keine weltlichen Güter und auch nicht das Bewusstsein, dass der Mensch mehr braucht zum Überleben als nur das tägliche Brot, um das Christen im Vaterunser bitten. Dieses Grundgebet der Christenheit im zweiten Teil der Bergpredigt macht klar, dass es mit der irdischen Gerechtigkeit nicht getan ist, dass es ein Gegenüber gibt, das Hoffnung und Erlösung verheißt. Daraus bezieht die christliche Forderung, die Welt zu verändern, ihre Legitimation – und verortet die Bergpredigt als Scharnier zwischen dem Noch-nicht-Sein einer Utopie und dem Hier-und-heute-Sein einer politisch-ethischen Handlungsanweisung.

Viele Jahrhunderte später schlägt der Bürgerrechtler Martin Luther King in seiner berühmten Rede »I have a dream« auf den Stufen des Lincoln Memorial in Washington denselben Grundton an, und seine Utopie von Freiheit und Gerechtigkeit variiert nur die Worte, die in der Bergpredigt zur Überwindung von Gewalt, Ausgrenzung und Unterdrückung aufrufen. Frieden, Sanftmut, Barmherzigkeit und Trost – die Bergpredigt ist ein Programm der Hoffnung für alle, die Leid tragen in dieser Welt. Das geht nur durch eine Umwertung der Werte, wie es Friedrich Nietzsche genannt hat, eine Provokation, die Ernst Bloch auf den Punkt gebracht hat: »Armut steht dem Heil am nächsten, Reichtum hindert es.« Dem Unwürdigen, so die Bergpredigt, wird fortan Würde zugesprochen: jene, die Leid tragen, sollen getröstet werden; alle, die nach Gerechtigkeit hungern und dürsten, sollen satt werden; und jenen, die um der Gerechtigkeit willen verfolgt werden, gehört das Himmelreich.

Eine Ankündigung von solcher Sprengkraft ließ sich nicht einfach als Schwärmerei abtun und aus der Welt schaffen. Im Gegenteil: Sie hat sich ins kollektive Gedächtnis der westlichen Zivilisation eingebrannt und ist zumindest als schlechtes Gewissen gegenwärtig geblieben. Das letztlich macht die Aktualität der Bergpredigt aus. Solange Unrecht und Ungerechtigkeit in der Welt sind, hält uns die Bergpredigt den Spiegel vor und klagt an – bis heute. Waren es in den achtziger Jahren die Mittelstreckenraketen, die die christliche Friedensbewegung für das Gebot der Feindesliebe streiten ließen, so ist es heute die weltweite

Krise unseres Wirtschafts- und Finanzsystems, die der Bergpredigt eine unerwartete Aktualität zuspricht – auch in diesem Fall ist sie von einer entwaffnenden Klarheit und entlarvt das bürgerliche Sicherheitsdenken als kleingläubig: »Ihr sollt euch nicht Schätze sammeln auf Erden, wo sie die Motten und der Rost fressen und wo die Diebe einbrechen und stehlen.« Oder, nicht weniger drängend und mit Blick auf die Dritte Welt: »Gib dem, der dich bittet, und wende dich nicht ab von dem, der etwas von dir borgen will.« Wie lesen wir diese Sätze im Angesicht der Menschen, die vom geplagten Afrika über das Mittelmeer ins gelobte Land Europa ziehen? Die chronique scandaleuse menschlicher Erniedrigung ließe sich noch lange fortsetzen und bietet Anlass für dieses Buch.

Eberhard Wolf, Artdirector der Süddeutschen Zeitung und mehrfach ausgezeichnet für sein Kommunikationsdesign, hat die Archive der Fotoagentur Magnum gesichtet und die biblischen Texte mit verstörenden Bildern hinterlegt. Seine Übertragung der alten Texte auf unsere heutige Bilderwelt setzt den uralten Traum von Frieden und Gerechtigkeit in ein neues Licht. In einer zunehmend sich visualisierenden Welt interpretiert Eberhard Wolf das Prinzip mittelalterlicher Bildwerke, wie sie uns bis heute über den Portalen gotischer Kathedralen entgegentreten, neu. Das Gegenüber von altem Wort und neuem Bild wird zum Symbol für die Zerrissenheit unserer Epoche.

Die Fotoagentur Magnum wurde 1947 von den legendären Fotografen Robert Capa, Henri Cartier-Bresson, George Rodger und David Seymor gegründet – als Interessengemeinschaft engagierter Fotografen, die ihre Rechte am Bild gegenüber der Macht international tätiger Agenturen durchsetzen wollten. Rasch entwickelte sich die Agentur zu einer Gemeinschaft unabhängiger Fotografen, deren Selbstverständnis es bis heute ist, jenseits aller populären Berichterstattung die Welt so zu zeigen, wie sie wirklich ist – ohne Rücksicht auf politische und gesellschaftliche Schranken und Tabus. Die authentische Bildsprache der Magnum-Fotos ist geprägt von der subjektiven Sichtweise des einzelnen Fotografen und vor allem vom Verzicht auf jegliche Bildmanipulation. Gerade deshalb sind diese Bilder wie wenige andere geeignet, die Würde der Schwachen sichtbar zu machen und die Hoffnung auf eine gerechte Welt am Leben zu erhalten – wie es die Bergpredigt seit zweitausend Jahren schon fordert.

SEX

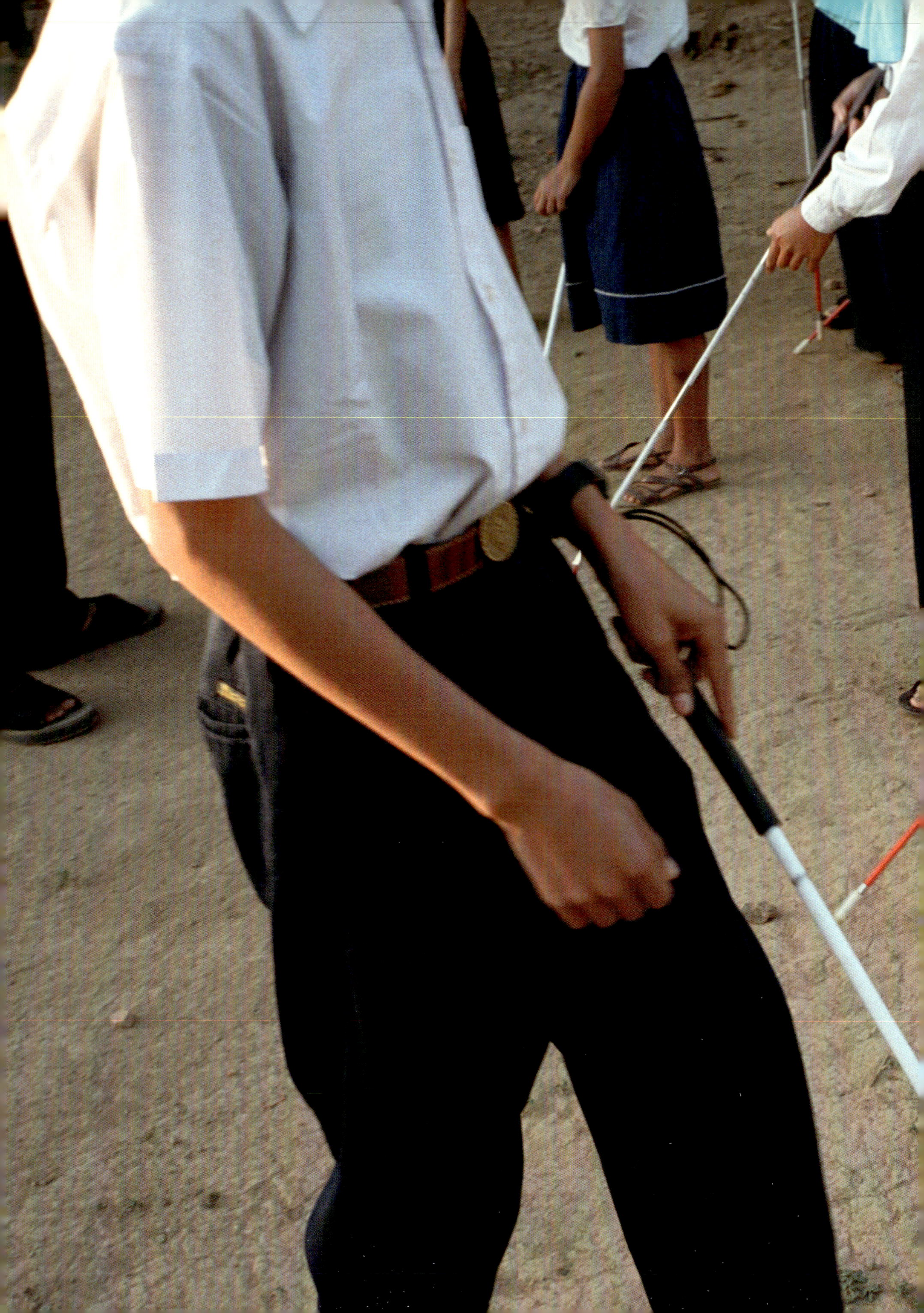

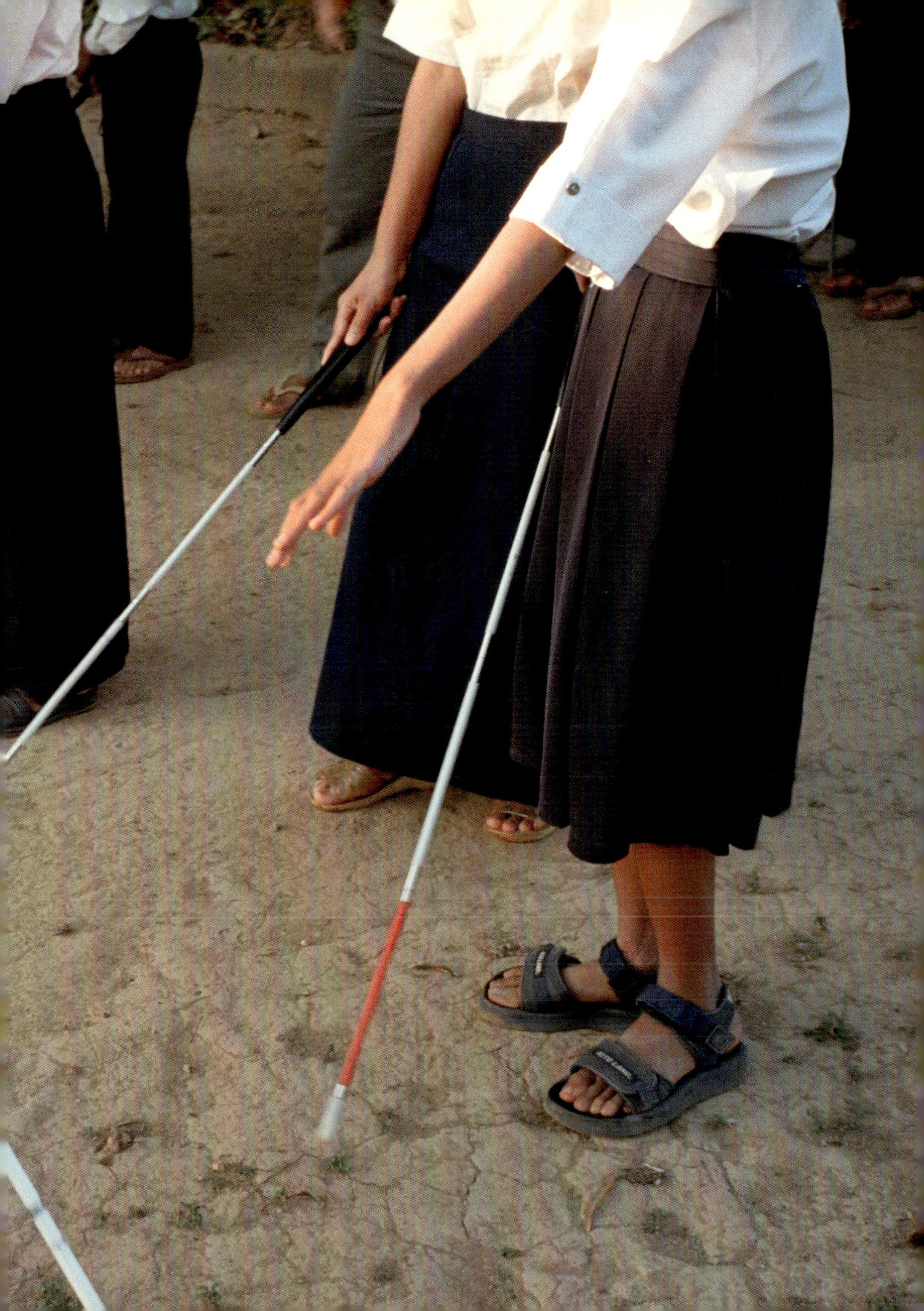

# Matthaeus 5–7

**Die Bergpredigt** | **Matthäus 5. Kapitel** | Die Seligpreisungen | Als er aber das Volk sah, ging er auf einen Berg und setzte sich; und seine Jünger traten zu ihm. Und er tat seinen Mund auf, lehrte sie und sprach: Selig sind, die da geistlich arm sind; denn ihrer ist das Himmelreich. Selig sind, die da Leid tragen; denn sie sollen getröstet werden. Selig sind die Sanftmütigen; denn sie werden das Erdreich besitzen. Selig sind, die da hungert und dürstet nach der Gerechtigkeit; denn sie sollen satt werden. Selig sind die Barmherzigen; denn sie werden Barmherzigkeit erlangen. Selig sind, die reinen Herzens sind; denn sie werden Gott schauen. Selig sind die Friedfertigen; denn sie werden Gottes Kinder heißen. Selig sind, die um der Gerechtigkeit willen verfolgt werden; denn ihrer ist das Himmelreich. Selig seid ihr, wenn euch die Menschen um meinetwillen schmähen und verfolgen und reden allerlei Übles gegen euch, wenn sie damit lügen. Seid fröhlich und getrost; es wird euch im Himmel reichlich belohnt werden. Denn ebenso haben sie verfolgt die Propheten, die vor euch gewesen sind . | Salz und Licht | Ihr seid das Salz der Erde. Wenn nun das Salz nicht mehr salzt, womit soll man salzen? Es ist zu nichts mehr nütze, als dass man es wegschüttet und lässt es von den Leuten zertreten. Ihr seid das Licht der Welt. Es kann die Stadt, die auf einem Berge liegt, nicht verborgen sein. Man zündet auch nicht ein Licht an und setzt es unter einen Scheffel, sondern auf einen Leuchter; so leuchtet es allen, die im Hause sind. So lasst euer Licht leuchten vor den Leuten, damit sie eure guten Werke sehen und euren Vater im Himmel preisen. | Jesu Stellung zum Gesetz | Ihr sollt nicht meinen, dass ich gekommen bin, das Gesetz oder die Propheten aufzulösen; ich bin nicht gekommen aufzulösen, sondern zu erfüllen. Denn wahrlich, ich sage euch: Bis Himmel und Erde vergehen, wird nicht vergehen der kleinste Buchstabe noch ein Tüpfelchen vom Gesetz, bis es alles geschieht. Wer nun eines von diesen kleinsten Geboten auflöst und lehrt die Leute so, der wird der Kleinste heißen im Himmelreich; wer es aber tut und lehrt, der wird groß heißen im Himmelreich. Denn ich sage euch: Wenn eure Gerechtigkeit nicht besser ist als die der Schriftgelehrten und Pharisäer, so werdet ihr nicht in das Himmelreich kommen. | Vom Töten | Ihr habt gehört, dass zu den Alten gesagt ist: »Du sollst nicht töten«; wer aber tötet, der soll des Gerichts schuldig sein. Ich aber sage euch: Wer mit seinem Bruder zürnt, der ist des Gerichts schuldig; wer aber zu seinem Bruder sagt: Du Nichtsnutz!, der ist des Hohen Rats schuldig; wer aber sagt: Du Narr!, der ist des höllischen Feuers schuldig. Darum: wenn du deine Gabe auf dem Altar opferst und dort kommt dir in den Sinn, dass dein Bruder etwas gegen dich hat, so lass dort vor dem Altar deine Gabe und geh zuerst hin und versöhne dich mit deinem Bruder, und dann komm und opfere deine Gabe. Vertrage dich mit deinem Gegner sogleich, solange du noch mit ihm auf dem Weg bist, damit dich der Gegner nicht dem Richter überantworte und der Richter dem Gerichtsdiener und du ins Gefängnis geworfen werdest. Wahrlich, ich sage dir: Du wirst nicht von dort herauskommen, bis du auch den letzten Pfennig bezahlt hast. | Vom Ehebrechen | Ihr habt gehört, dass gesagt ist: »Du sollst nicht ehebrechen.« Ich aber sage euch: Wer eine Frau ansieht, sie zu begehren, der hat schon mit ihr die Ehe gebrochen in seinem Herzen. Wenn dich aber dein rechtes Auge zum Abfall verführt, so reiß es aus und wirf's von dir. Es ist besser für dich, dass eins deiner Glieder verderbe und nicht der ganze Leib in die Hölle geworfen werde. Wenn dich deine rechte Hand zum Abfall verführt, so hau sie ab und wirf sie von dir. Es ist besser für dich, dass eins deiner Glieder verderbe und nicht der ganze Leib in die Hölle fahre. Es ist auch gesagt: »Wer sich von seiner Frau scheidet, der soll ihr einen Scheidebrief geben.« Ich aber sage euch: Wer sich von seiner Frau scheidet, es sei denn wegen Ehebruchs, der macht, dass sie die Ehe bricht; und wer eine Geschiedene heiratet, der bricht die Ehe. | Vom Schwören | Ihr habt weiter gehört, dass zu den Alten gesagt ist: »Du sollst keinen falschen Eid schwören und sollst dem Herrn deinen Eid halten.« Ich aber sage euch, dass ihr überhaupt nicht schwören sollt, weder bei dem Himmel, denn er ist Gottes Thron; noch bei der Erde, denn sie ist der Schemel seiner Füße; noch bei Jerusalem, denn sie ist die Stadt des großen Königs. Auch sollst du nicht bei deinem Haupt schwören; denn du vermagst nicht ein einziges Haar weiß oder schwarz zu machen. Eure Rede aber sei: Ja, ja; nein, nein. Was darüber ist, das ist vom Übel. | Vom Vergelten | Ihr habt gehört, dass gesagt ist: »Auge um Auge, Zahn um Zahn.« Ich aber sage euch, dass ihr nicht widerstreben sollt dem Übel, sondern: wenn dich jemand auf deine rechte Backe schlägt, dem biete die andere auch dar. Und wenn jemand mit dir rechten will und dir deinen Rock nehmen, dem lass auch den Mantel. Und wenn dich jemand nötigt, eine Meile mitzugehen, so geh mit ihm zwei. Gib dem, der dich bittet, und wende dich nicht ab von dem, der etwas von dir borgen will. | Von der Feindesliebe | Ihr habt gehört, dass gesagt ist: »Du sollst deinen Nächsten lieben« und deinen Feind hassen. Ich aber sage euch: Liebt eure Feinde und bittet für die, die euch verfolgen, damit ihr Kinder seid eures Vaters im Himmel. Denn er lässt seine Sonne aufgehen über Böse und Gute und lässt regnen über Gerechte und Ungerechte. Denn wenn ihr liebt, die euch lieben, was werdet ihr für Lohn haben? Tun nicht dasselbe auch die Zöllner? Und wenn ihr nur zu euren Brüdern freundlich seid, was tut ihr Besonderes? Tun nicht dasselbe auch die Heiden? Darum sollt ihr vollkommen sein, wie euer Vater im Himmel vollkommen ist. | **Matthäus 6. Kapitel** | Vom Almosengeben | Habt acht auf eure Frömmigkeit, dass ihr die nicht übt vor den Leuten, um von ihnen gesehen zu werden; ihr habt sonst keinen Lohn bei eurem Vater im Himmel. Wenn du nun Almosen gibst, sollst du es nicht vor dir ausposaunen lassen, wie es die Heuchler tun in den Synagogen und auf den Gassen, damit sie von den Leuten gepriesen werden. Wahrlich, ich sage euch: Sie haben ihren Lohn schon gehabt. Wenn du aber Almosen gibst, so lass deine linke Hand nicht wissen, was die rechte tut, damit dein Almosen verborgen bleibe; und dein Vater, der in das Verborgene sieht, wird dir's vergelten. | Vom Beten / Das Vaterunser | Und wenn ihr betet, sollt ihr nicht sein wie die Heuchler, die gern in den Synagogen und an den Straßenecken stehen und beten, damit sie von den Leuten gesehen werden. Wahrlich, ich sage euch: Sie haben ihren Lohn schon gehabt. Wenn du aber betest, so geh in dein Kämmerlein und schließ die Tür zu und bete zu deinem Vater, der im Verborgenen ist; und dein Vater, der in das Verborgene sieht, wird dir's vergelten. Und wenn ihr betet, sollt ihr nicht viel plappern wie die Heiden; denn sie meinen, sie werden erhört, wenn sie viele Worte machen. Darum sollt ihr ihnen nicht gleichen. Denn euer Vater weiß, was ihr bedürft, bevor ihr ihn bittet. Darum sollt ihr so beten: Unser Vater im Himmel! Dein Name werde geheiligt. Dein Reich komme. Dein Wille geschehe wie im Himmel so auf Erden. Unser tägliches Brot gib uns heute. Und vergib uns unsere Schuld, wie auch wir vergeben unsern Schuldigern. Und führe uns nicht in Versuchung, sondern erlöse uns von dem Bösen. [Denn dein ist das Reich und die Kraft und die Herrlichkeit in Ewigkeit. Amen.] Denn wenn ihr den Menschen ihre Verfehlungen vergebt, so wird euch euer himmlischer Vater auch vergeben. Wenn ihr aber den Menschen nicht vergebt, so wird euch euer Vater eure Verfehlungen auch nicht vergeben. | Vom Fasten | Wenn ihr fastet, sollt ihr nicht sauer dreinsehen wie die Heuchler; denn sie verstellen ihr Gesicht, um sich vor den Leuten zu zeigen mit ihrem Fasten. Wahrlich, ich sage euch: Sie haben ihren Lohn schon gehabt. Wenn du aber fastest, so salbe dein Haupt und wasche dein Gesicht, damit du dich nicht vor den Leuten zeigst mit deinem Fasten, sondern vor deinem Vater, der im Verborgenen ist; und dein Vater, der in das Verborgene sieht, wird dir's vergelten. | Vom Schätzesammeln und Sorgen | Ihr sollt euch nicht Schätze sammeln auf Erden, wo sie die Motten und der Rost fressen und wo die Diebe einbrechen und stehlen. Sammelt euch aber Schätze im Himmel, wo sie weder Motten noch Rost fressen und wo die Diebe nicht einbrechen und stehlen. Denn wo dein Schatz ist, da ist auch dein Herz. Das Auge ist das Licht des Leibes. Wenn dein Auge lauter ist, so wird dein ganzer Leib licht sein. Wenn aber dein Auge böse ist, so wird dein ganzer Leib finster sein. Wenn nun das Licht, das in dir ist, Finsternis ist, wie groß wird dann die Finsternis sein! Niemand kann zwei Herren dienen: Entweder er wird den einen hassen und den andern lieben, oder er wird an dem einen hängen und den andern verachten. Ihr könnt nicht Gott dienen und dem Mammon. Darum sage ich euch: Sorgt nicht um euer Leben, was ihr essen und trinken werdet; auch nicht um euren Leib, was ihr anziehen werdet. Ist nicht das Leben mehr als die Nahrung und der Leib mehr als die Kleidung? Seht die Vögel unter dem Himmel an: sie säen nicht, sie ernten nicht, sie sammeln nicht in die Scheunen; und euer himmlischer Vater ernährt sie doch. Seid ihr denn nicht viel mehr als sie? Wer ist unter euch, der seines Lebens Länge eine Spanne zusetzen könnte, wie sehr er sich auch darum sorgt? Und warum sorgt ihr euch um die Kleidung? Schaut die Lilien auf dem Feld an, wie sie wachsen: sie arbeiten nicht, auch spinnen sie nicht. Ich sage euch, dass auch Salomo in aller seiner Herrlichkeit nicht gekleidet gewesen ist wie eine von ihnen. Wenn nun Gott das Gras auf dem Feld so kleidet, das doch heute steht und morgen in den Ofen geworfen wird: sollte er das nicht viel mehr für euch tun, ihr Kleingläubigen? Darum sollt ihr nicht sorgen und sagen: Was werden wir essen? Was werden wir trinken? Womit werden wir uns kleiden? Nach dem allen trachten die Heiden. Denn euer himmlischer Vater weiß, dass ihr all dessen bedürft. Trachtet zuerst nach dem Reich Gottes und nach seiner Gerechtigkeit, so wird euch das alles zufallen. Darum sorgt nicht für morgen, denn der morgige Tag wird für das Seine sorgen. Es ist genug, dass jeder Tag seine eigene Plage hat. **| Matthäus 7. Kapitel |** Vom Richtgeist | Richtet nicht, damit ihr nicht gerichtet werdet. Denn nach welchem Recht ihr richtet, werdet ihr gerichtet werden; und mit welchem Maß ihr messt, wird euch zugemessen werden. Was siehst du aber den Splitter in deines Bruders Auge und nimmst nicht wahr den Balken in deinem Auge? Oder wie kannst du sagen zu deinem Bruder: Halt, ich will dir den Splitter aus deinem Auge ziehen?, und siehe, ein Balken ist in deinem Auge. Du Heuchler, zieh zuerst den Balken aus deinem Auge; danach sieh zu, wie du den Splitter aus deines Bruders Auge ziehst. Ihr sollt das Heilige nicht den Hunden geben und eure Perlen sollt ihr nicht vor die Säue werfen, damit die sie nicht zertreten mit ihren Füßen und sich umwenden und euch zerreißen. | Von der Gebetserhörung | Bittet, so wird euch gegeben; suchet, so werdet ihr finden; klopfet an, so wird euch aufgetan. Denn wer da bittet, der empfängt; und wer da sucht, der findet; und wer da anklopft, dem wird aufgetan. Wer ist unter euch Menschen, der seinem Sohn, wenn er ihn bittet um Brot, einen Stein biete? Oder, wenn er ihn bittet um einen Fisch, eine Schlange biete? Wenn nun ihr, die ihr doch böse seid, dennoch euren Kindern gute Gaben geben könnt, wie viel mehr wird euer Vater im Himmel Gutes geben denen, die ihn bitten! | Vom Tun des göttlichen Willens | Alles nun, was ihr wollt, dass euch die Leute tun sollen, das tut ihnen auch! Das ist das Gesetz und die Propheten. Geht hinein durch die enge Pforte. Denn die Pforte ist weit und der Weg ist breit, der zur Verdammnis führt, und viele sind's, die auf ihm hineingehen. Wie eng ist die Pforte und wie schmal der Weg, der zum Leben führt, und wenige sind's, die ihn finden! Seht euch vor vor den falschen Propheten, die in Schafskleidern zu euch kommen, inwendig aber sind sie reißende Wölfe. An ihren Früchten sollt ihr sie erkennen. Kann man denn Trauben lesen von den Dornen oder Feigen von den Disteln? So bringt jeder gute Baum gute Früchte; aber ein fauler Baum bringt schlechte Früchte. Ein guter Baum kann nicht schlechte Früchte bringen und ein fauler Baum kann nicht gute Früchte bringen. Jeder Baum, der nicht gute Früchte bringt, wird abgehauen und ins Feuer geworfen. Darum: an ihren Früchten sollt ihr sie erkennen. Es werden nicht alle, die zu mir sagen: Herr, Herr!, in das Himmelreich kommen, sondern die den Willen tun meines Vaters im Himmel. Es werden viele zu mir sagen an jenem Tage: Herr, Herr, haben wir nicht in deinem Namen geweissagt? Haben wir nicht in deinem Namen böse Geister ausgetrieben? Haben wir nicht in deinem Namen viele Wunder getan? Dann werde ich ihnen bekennen: Ich habe euch noch nie gekannt; weicht von mir, ihr Übeltäter! | Vom Hausbau | Darum, wer diese meine Rede hört und tut sie, der gleicht einem klugen Mann, der sein Haus auf Fels baute. Als nun ein Platzregen fiel und die Wasser kamen und die Winde wehten und stießen an das Haus, fiel es doch nicht ein; denn es war auf Fels gegründet. Und wer diese meine Rede hört und tut sie nicht, der gleicht einem törichten Mann, der sein Haus auf Sand baute. Als nun ein Platzregen fiel und die Wasser kamen und die Winde wehten und stießen an das Haus, da fiel es ein und sein Fall war groß. Und es begab sich, als Jesus diese Rede vollendet hatte, dass sich das Volk entsetzte über seine Lehre; denn er lehrte sie mit Vollmacht und nicht wie ihre Schriftgelehrten.

T-SHIRTS
SHIRTS
Chevy Van
10

Als er aber das Volk sah,
ging er auf einen Berg und setzte sich;
und seine Jünger traten zu ihm.
Und er tat seinen Mund auf,
lehrte sie

... und sprach:

# Selig

sind,

die da geistlich arm sind; denn ihrer ist das Himmelreich.

**Selig sind,** die da Leid tragen; denn sie sollen getröstet werden.

Selig sind die Sanftmütigen;
denn sie werden das Erdreich besitzen.

**Selig sind,** die da hungert und dürstet nach der Gerechtigkeit;
denn sie sollen satt werden.

Selig sind die Barmherzigen;
denn sie werden Barmherzigkeit erlangen.

**Selig sind,** die reinen Herzens sind;
denn sie werden Gott schauen.

Selig sind die Friedfertigen;
denn sie werden Gottes Kinder heißen.

**Selig sind,** die um der Gerechtigkeit willen verfolgt werden;
denn ihrer ist das Himmelreich.

**Selig seid ihr,**
**wenn euch die Menschen um meinetwillen**
**schmähen und verfolgen**
**und reden allerlei Übles gegen euch,**
**wenn sie damit lügen.**

Seid fröhlich und getrost;

es wird euch im Himmel reichlich belohnt werden.

Denn ebenso haben sie verfolgt die Propheten,
die vor euch gewesen sind.

BONUS BLACKJACK

Ihr seid das Salz der Erde.

Wenn nun das Salz nicht mehr salzt,

womit soll man salzen?

Es ist zu nichts mehr nütze,

als dass man es wegschüttet

und lässt es von den Leuten

zertreten.

Ihr seid das Licht der Welt.

Man zündet auch nicht ein Licht an und setzt es unter einen Scheffel,

sondern auf einen Leuchter.

Ich bin nicht gekommen aufzulösen,

sondern

# zu erfüllen.

Bis Himmel und Erde vergehen, wird nicht vergehen der kleinste

Buchstabe noch ein Tüpfelchen vom Gesetz, bis es alles geschieht.

Du

sollst nicht töten.

wer aber sagt:
Du

Narr!
der ist des höllischen Feuers schuldig.

Versöhne dich mit deinem

Bruder.

**Wahrlich, ich sage dir: Du wirst nicht von dort herauskommen,**

bis du auch den letzten Pfennig bezahlt hast.

Wer eine Frau ansieht, sie zu begehren,

der hat schon mit ihr die Ehe gebrochen in seinem Herzen.

»Du sollst keinen falschen Eid schwören

und sollst dem Herrn deinen Eid halten.«

Ich aber sage euch,

dass ihr überhaupt nicht schwören sollt,

weder bei dem Himmel, denn er ist Gottes Thron;

noch bei der Erde,

denn sie ist der Schemel seiner Füße.

Eure Rede aber sei:

# Ja! Ja!

# Nein! Nein!

Was darüber ist, das ist vom Übel.

»Auge um Auge, Zahn um Zahn.«

Ich aber sage euch,
dass ihr nicht widerstreben sollt dem Übel,
sondern:
wenn dich jemand auf deine rechte Backe schlägt,
dem biete die andere auch dar.

**Liebt eure Feinde**
**und bittet für die,**
**die euch verfolgen,**
**damit ihr Kinder seid**
**eures Vaters**
**im Himmel.**

**Denn er lässt seine Sonne aufgehen über Böse und Gute und lässt regnen über Gerechte und Ungerechte.**

Denn wenn ihr liebt, die euch lieben,

was werdet ihr für Lohn haben?

Habt acht auf eure Frömmigkeit,
dass ihr die nicht übt vor den Leuten,
um von ihnen gesehen zu werden.

Wenn du nun Almosen gibst,

sollst du es nicht vor dir ausposaunen lassen,

wie es die Heuchler tun in den Synagogen

und auf den Gassen,

damit sie von den Leuten gepriesen werden.

Wahrlich, ich sage euch:

Sie haben ihren Lohn schon gehabt.

Und wenn ihr betet,

sollt ihr nicht sein wie die Heuchler,

die gern in den Synagogen und

an den Straßenecken stehen und beten,

damit sie von den Leuten gesehen werden.

Wahrlich, ich sage euch:

Sie haben ihren Lohn schon gehabt.

KEEP THE
TEN CO
MANDMENTS
STAFF

**Wenn du aber betest, so geh in dein Kämmerlein und schließ die Tür z**

nd bete zu deinem Vater, der im Verborgenen ist.

# Darum sollt ihr so beten

Unser Vater im Himmel!

Dein Name werde geheiligt.

Dein Reich komme.

Dein Wille geschehe wie im Himmel

so auf Erden.

Unser tägliches Brot gib uns heute.

Und vergib uns unsere Schuld,

wie auch wir vergeben unsern Schuldigern.

Und führe uns nicht in Versuchung,

sondern erlöse uns von dem Bösen.

Denn dein ist das Reich und die Kraft und

die Herrlichkeit in Ewigkeit.

Amen.

**Denn wenn ihr den Menschen ihre Verfehlungen vergebt,**

so wird euch euer himmlischer Vater auch vergeben.

Wenn ihr fastet, sollt ihr nicht

sauer dreinsehen wie die Heuchler;

denn sie verstellen ihr Gesicht,
um sich vor den Leuten zu zeigen
mit ihrem Fasten.

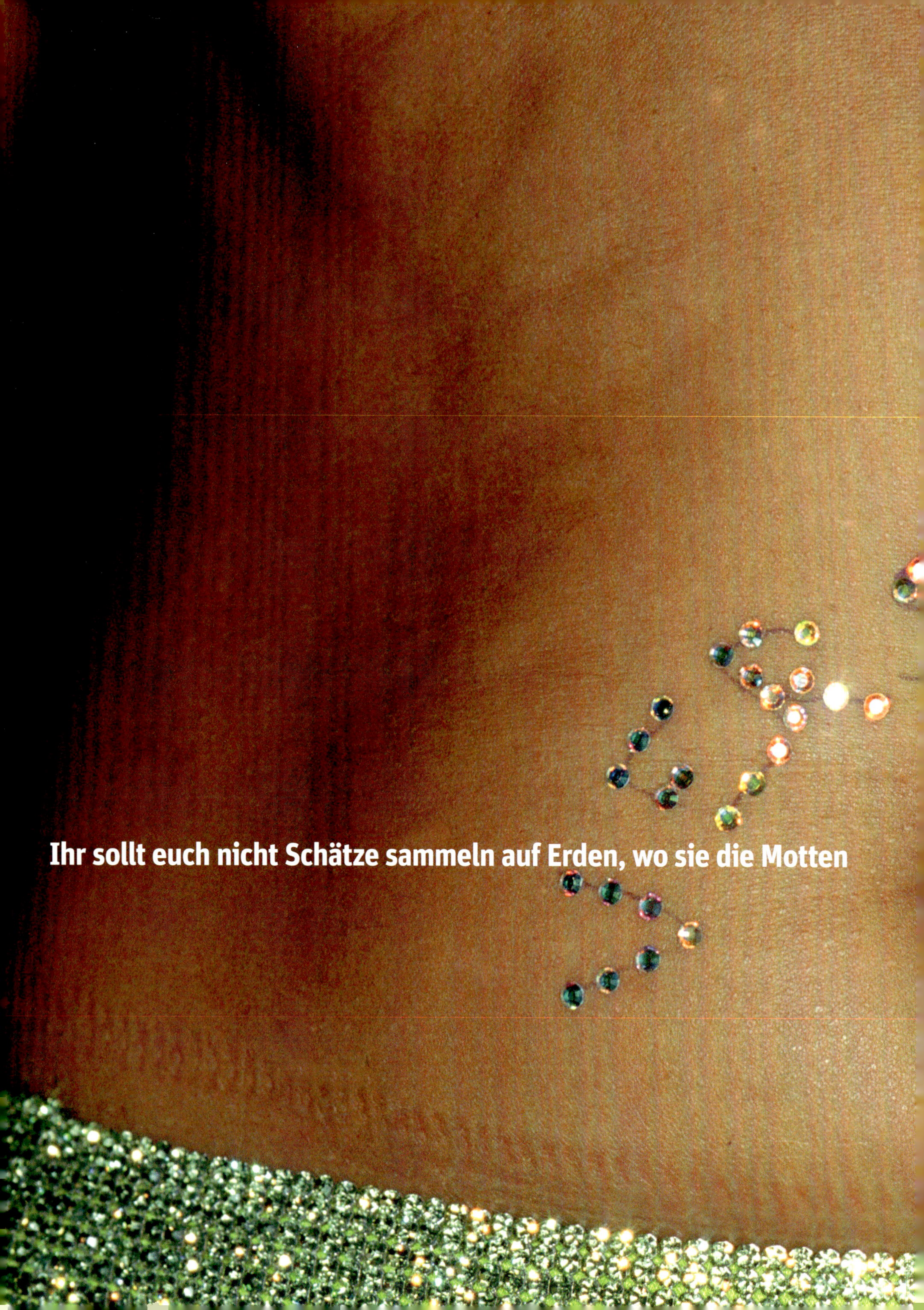

Ihr sollt euch nicht Schätze sammeln auf Erden, wo sie die Motten

und der Rost fressen und wo die Diebe einbrechen und stehlen.

ROLLS
RR
ROYCE

Denn wo dein Schatz ist,
da ist auch dein Herz.

Wenn nun das Licht,
das in dir ist, Finsternis ist,
wie groß wird dann
die Finsternis sein!

# Niemand kann ...

Die Seligpreisungen | Als er aber das Volk sah, ging er auf einen Berg und setzte sich; und seine Jünger traten zu ihm. Und er tat seinen Mund auf, lehrte sie und sprach: Selig sind, die da geistlich arm sind; denn ihrer ist das Himmelreich. Selig sind, die da Leid tragen; denn sie sollen getröstet werden. Selig sind die Sanftmütigen; denn sie werden das Erdreich besitzen. Selig sind, die da hungert und dürstet nach der Gerechtigkeit; denn sie sollen satt werden. Selig sind die Barmherzigen; denn sie werden Barmherzigkeit erlangen. Selig sind, die reinen Herzens sind; denn sie werden Gott schauen. Selig sind die Friedfertigen; denn sie werden Gottes Kinder heißen. Selig sind, die um der Gerechtigkeit willen verfolgt werden; denn ihrer ist das Himmelreich. Selig seid ihr, wenn euch die Menschen um meinetwillen schmähen und verfolgen und reden allerlei Übles gegen euch, wenn sie damit lügen. Seid fröhlich und getrost; es wird euch im Himmel reichlich belohnt werden. Denn ebenso haben sie verfolgt die Propheten, die vor euch gewesen sind . | Salz und Licht | Ihr seid das Salz der Erde. Wenn nun das Salz nicht mehr salzt, womit soll man salzen? Es ist zu nichts mehr nütze, als dass man es wegschüttet und lässt es von den Leuten zertreten. Ihr seid das Licht der Welt. Es kann die Stadt, die auf einem Berge liegt, nicht verborgen sein. Man zündet auch nicht ein Licht an und setzt es unter einen Scheffel, sondern auf einen Leuchter; so leuchtet es allen, die im Hause sind. So lasst euer Licht leuchten vor den Leuten, damit sie eure guten Werke sehen und euren Vater im Himmel preisen. | Jesu Stellung zum Gesetz | Ihr sollt nicht meinen, dass ich gekommen bin, das Gesetz oder die Propheten aufzulösen; ich bin nicht gekommen aufzulösen, sondern zu erfüllen. Denn wahrlich, ich sage euch: Bis Himmel und Erde vergehen, wird nicht vergehen der kleinste Buchstabe noch ein Tüpfelchen vom Gesetz, bis es alles geschieht. Wer nun eines von diesen kleinsten Geboten auflöst und lehrt die Leute so, der wird der Kleinste heißen im Himmelreich; wer es aber tut und lehrt, der wird groß heißen im Himmelreich. Denn ich sage euch: Wenn eure Gerechtigkeit nicht besser ist als die der Schriftgelehrten und Pharisäer, so werdet ihr nicht in das Himmelreich kommen. | Vom Töten | Ihr habt gehört, dass zu den Alten gesagt ist (.Mose ,; ,): »Du sollst nicht töten«; wer aber tötet, der soll des Gerichts schuldig sein. Ich aber sage euch: Wer mit seinem Bruder zürnt, der ist des Gerichts schuldig; wer aber zu seinem Bruder sagt: Du Nichtsnutz!, der ist des Hohen Rats schuldig; wer aber sagt: Du Narr!, der ist des höllischen Feuers schuldig. Darum: wenn du deine Gabe auf dem Altar opferst und dort kommt dir in den Sinn, dass dein Bruder etwas gegen dich hat, so lass dort vor dem Altar deine Gabe und geh zuerst hin und versöhne dich mit deinem Bruder, und dann komm und opfere deine Gabe. Vertrage dich mit deinem Gegner sogleich, solange du noch mit ihm auf dem Weg bist, damit dich der Gegner nicht dem Richter überantworte und der Richter dem Gerichtsdiener und du ins Gefängnis geworfen werdest. Wahrlich, ich sage dir: Du wirst nicht von dort herauskommen, bis du auch den letzten Pfennig bezahlt hast. | Vom Ehebrechen | Ihr habt gehört, dass gesagt ist (.Mose ,): »Du sollst nicht ehebrechen.« Ich aber sage euch: Wer eine Frau ansieht, sie zu begehren, der hat schon mit ihr die Ehe gebrochen in seinem Herzen. Wenn dich aber dein rechtes Auge zum Abfall verführt, so reiß es aus und wirf's von dir. Es ist besser für dich, dass eins deiner Glieder verderbe und nicht der ganze Leib in die Hölle geworfen werde. Wenn dich deine rechte Hand zum Abfall verführt, so hau sie ab und wirf sie von dir. Es ist besser für dich, dass eins deiner Glieder verderbe und nicht der ganze Leib in die Hölle fahre. Es ist auch gesagt (.Mose ,): »Wer sich von seiner Frau scheidet, der soll ihr einen Scheidebrief geben.« Ich aber sage euch: Wer sich von seiner Frau scheidet, es sei denn wegen Ehebruchs, der macht, dass sie die Ehe bricht; und wer eine Geschiedene heiratet, der bricht die Ehe. | Vom Schwören | Ihr habt weiter gehört, dass zu den Alten gesagt ist (.Mose ,; .Mose ,): »Du sollst keinen falschen Eid schwören und sollst dem Herrn deinen Eid halten.« Ich aber sage euch, dass ihr überhaupt nicht schwören sollt, weder bei dem Himmel, denn er ist Gottes Thron; noch bei der Erde, denn sie ist der Schemel seiner Füße; noch bei Jerusalem, denn sie ist die Stadt des großen Königs. Auch sollst du nicht bei deinem Haupt schwören; denn du vermagst nicht ein einziges Haar weiß oder schwarz zu machen. Eure Rede aber sei: Ja, ja; nein, nein. Was darüber ist, das ist vom Übel. | Vom Vergelten | Ihr habt gehört, dass gesagt ist (.Mose ,): »Auge um Auge, Zahn um Zahn.« Ich aber sage euch, dass ihr nicht widerstreben sollt dem Übel, sondern: wenn dich jemand auf deine rechte Backe schlägt, dem biete die andere auch dar. Und wenn jemand mit dir rechten will und dir deinen Rock nehmen, dem lass auch den Mantel. Und wenn dich jemand nötigt, eine Meile mitzugehen, so geh mit ihm zwei. Gib dem, der dich bittet, und wende dich nicht ab von dem, der etwas von dir borgen will. | Von der Feindesliebe | Ihr habt gehört, dass gesagt ist: »Du sollst deinen Nächsten lieben« (.Mose ,) und deinen Feind hassen. Ich aber sage euch: Liebt eure Feinde und bittet für die, die euch verfolgen, damit ihr Kinder seid eures Vaters im Himmel. Denn er lässt seine Sonne aufgehen über Böse und Gute und lässt regnen über Gerechte und Ungerechte. Denn wenn ihr liebt, die euch lieben, was werdet ihr für Lohn haben? Tun nicht dasselbe auch die Zöllner? Und wenn ihr nur zu euren Brüdern freundlich seid, was tut ihr Besonderes? Tun nicht dasselbe auch die Heiden? Darum sollt ihr vollkommen sein, wie euer Vater im Himmel vollkommen ist. | Matthäus 6. Kapitel | Vom Almosengeben | Habt Acht auf eure Frömmigkeit, dass ihr die nicht übt vor den Leuten, um von ihnen gesehen zu werden; ihr habt sonst keinen Lohn bei eurem Vater im Himmel. Wenn du nun Almosen gibst, sollst du es nicht vor dir ausposaunen lassen, wie es die Heuchler tun in den Synagogen und auf den Gassen, damit sie von den Leuten gepriesen werden. Wahrlich, ich sage euch: Sie haben ihren Lohn schon gehabt. Wenn du aber Almosen gibst, so lass deine linke Hand nicht wissen, was die rechte tut, damit dein Almosen verborgen bleibe; und dein Vater, der in das Verborgene sieht, wird dir's vergelten. | Vom Beten / Das Vaterunser | Und wenn ihr betet, sollt ihr nicht sein wie die Heuchler, die gern in den Synagogen und an den Straßenecken stehen und beten, damit sie von den Leuten gesehen werden. Wahrlich, ich sage euch: Sie haben ihren Lohn schon gehabt. Wenn du aber betest, so geh in dein Kämmerlein und schließ die Tür zu und bete zu deinem Vater, der im Verborgenen ist; und dein Vater, der in das Verborgene sieht, wird dir's vergelten. Und wenn ihr betet, sollt ihr nicht viel plappern wie die Heiden; denn sie meinen, sie werden erhört, wenn sie viele Worte machen. Darum sollt ihr ihnen nicht gleichen. Denn euer Vater weiß, was ihr bedürft, bevor ihr ihn bittet. Darum sollt ihr so beten: Unser Vater im Himmel! Dein Name werde geheiligt. Dein Reich komme. Dein Wille geschehe wie im Himmel so auf Erden. Unser tägliches Brot gib uns heute. Und vergib uns unsere Schuld, wie auch wir vergeben unsern Schuldigern. Und führe uns nicht in Versuchung, sondern erlöse uns von dem Bösen. [Denn dein ist das Reich und die Kraft und die Herrlichkeit in Ewigkeit. Amen.] Denn wenn ihr den Menschen ihre Verfehlungen vergebt, so wird euch euer himmlischer Vater auch vergeben. Wenn ihr aber den Menschen nicht vergebt, so wird euch euer Vater eure Verfehlungen auch nicht vergeben. | Vom Fasten | Wenn ihr fastet, sollt ihr nicht sauer dreinsehen wie die Heuchler; denn sie verstellen ihr Gesicht, um sich vor den Leuten zu zeigen mit ihrem Fasten. Wahrlich, ich sage euch: Sie haben ihren Lohn schon gehabt. Wenn du aber fastest, so salbe dein Haupt und wasche dein Gesicht, damit du dich nicht vor den Leuten zeigst mit deinem Fasten, sondern vor deinem Vater, der im Verborgenen ist; und dein Vater, der in das Verborgene sieht, wird dir's vergelten. | Vom Schätzesammeln und Sorgen | Ihr sollt euch nicht Schätze sammeln auf Erden, wo sie die Motten und der Rost fressen und wo die Diebe einbrechen und stehlen. Sammelt euch aber Schätze im Himmel, wo sie weder Motten noch Rost fressen und wo die Diebe nicht einbrechen und stehlen. Denn wo dein Schatz ist, da ist auch dein Herz. Das Auge ist das Licht des Leibes. Wenn dein Auge lauter ist, so wird dein ganzer Leib licht sein. Wenn aber dein Auge böse ist, so wird dein ganzer Leib finster sein. Wenn nun das Licht, das in dir ist, Finsternis ist, wie groß wird dann die Finsternis sein! Niemand kann zwei Herren dienen: Entweder er wird den einen hassen und den andern lieben, oder er wird an dem einen hängen und den andern verachten. Ihr könnt nicht Gott dienen und dem Mammon. Darum sage ich euch: Sorgt nicht um euer Leben, was ihr essen und trinken werdet; auch nicht um euren Leib, was ihr anziehen werdet. Ist nicht das Leben mehr als die Nahrung und der Leib mehr als die Kleidung? Seht die Vögel unter dem Himmel an: sie säen nicht, sie ernten nicht, sie sammeln nicht in die Scheunen; und euer himmlischer Vater ernährt sie doch. Seid ihr denn nicht viel mehr als sie? Wer ist unter euch, der seines Lebens Länge eine Spanne zusetzen könnte, wie sehr er sich auch darum sorgt? Und warum sorgt ihr euch um die Kleidung? Schaut die Lilien auf dem Feld an, wie sie wachsen: sie arbeiten nicht, auch spinnen sie nicht. Ich sage euch, dass auch Salomo in aller seiner Herrlichkeit nicht gekleidet gewesen ist wie eine von ihnen. Wenn nun Gott das Gras auf dem Feld so kleidet, das doch heute steht und morgen in den Ofen geworfen wird: sollte er das nicht viel mehr für euch tun, ihr Kleingläubigen? Darum sollt ihr nicht sorgen und sagen: Was werden wir essen? Was werden wir trinken? Womit werden wir uns kleiden? Nach dem allen trachten die Heiden. Denn euer himmlischer Vater weiß, dass ihr all dessen bedürft. Trachtet zuerst nach dem Reich Gottes und nach seiner Gerechtigkeit, so wird euch das alles zufallen. Darum sorgt nicht für morgen, denn der morgige Tag wird für das Seine sorgen. Es ist genug, dass jeder Tag seine eigene Plage hat. | Matthäus 7. Kapitel | Vom Richtgeist | Richtet nicht, damit ihr nicht gerichtet werdet. Denn nach welchem Recht ihr richtet, werdet ihr gerichtet werden; und mit welchem Maß ihr messt, wird euch zugemessen werden. Was siehst du aber den Splitter in deines Bruders Auge und nimmst nicht wahr den Balken in deinem Auge? Oder wie kannst du sagen zu deinem Bruder: Halt, ich will dir den Splitter aus deinem Auge ziehen?, und siehe, ein Balken ist in deinem Auge. Du Heuchler, zieh zuerst den Balken aus deinem Auge; danach sieh zu, wie du den Splitter aus deines Bruders Auge ziehst. Ihr sollt das Heilige nicht den Hunden geben und eure Perlen sollt ihr nicht vor die Säue werfen, damit die sie nicht zertreten mit ihren Füßen und sich umwenden und euch zerreißen. | Von der Gebetserhörung | Bittet, so wird euch gegeben; suchet, so werdet ihr finden; klopfet an, so wird euch aufgetan. Denn wer da bittet, der empfängt; und wer da sucht, der findet; und wer da anklopft, dem wird aufgetan. Wer ist unter euch Menschen, der seinem Sohn, wenn er ihn bittet um Brot, einen Stein biete? Oder, wenn er ihn bittet um einen Fisch, eine Schlange biete? Wenn nun ihr, die ihr doch böse seid, dennoch euren Kindern gute Gaben geben könnt, wie viel mehr wird euer Vater im Himmel Gutes geben denen, die ihn bitten! | Vom Tun des göttlichen Willens | Alles nun, was ihr wollt, dass euch die Leute tun sollen, das tut ihnen auch! Das ist das Gesetz und die Propheten. Geht hinein durch die enge Pforte. Denn die Pforte ist weit und der Weg ist breit, der zur Verdammnis führt, und viele sind's, die auf ihm hineingehen. Wie eng ist die Pforte und wie schmal der Weg, der zum Leben führt, und wenige sind's, die ihn finden! Seht euch vor vor den falschen Propheten, die in Schafskleidern zu euch kommen, inwendig aber sind sie reißende Wölfe. An ihren Früchten sollt ihr sie erkennen. Kann man denn Trauben lesen von den Dornen oder Feigen von den Disteln? So bringt jeder gute Baum gute Früchte; aber ein fauler Baum bringt schlechte Früchte. Ein guter Baum kann nicht schlechte Früchte bringen und ein fauler Baum kann nicht gute Früchte bringen. Jeder Baum, der nicht gute Früchte bringt, wird abgehauen und ins Feuer geworfen. Darum: an ihren Früchten sollt ihr sie erkennen. Es werden nicht alle, die zu mir sagen: Herr, Herr!, in das Himmelreich kommen, sondern die den Willen tun meines Vaters im Himmel. Es werden viele zu mir sagen an jenem Tage: Herr, Herr, haben wir nicht in deinem Namen geweissagt? Haben wir nicht in deinem Namen böse Geister ausgetrieben? Haben wir nicht in deinem Namen viele Wunder getan? Dann werde ich ihnen bekennen: Ich habe euch noch nie gekannt; weicht von mir, ihr Übeltäter! | Vom Hausbau | Darum, wer diese meine Rede hört und tut sie, der gleicht einem klugen Mann, der sein Haus auf Fels baute. Als nun ein Platzregen fiel und die Wasser kamen und die Winde wehten und stießen an das Haus, fiel es doch nicht ein; denn es war auf Fels gegründet. Und wer diese meine Rede hört und tut sie nicht, der gleicht einem törichten Mann, der sein Haus auf Sand baute. Als nun ein Platzregen fiel und die Wasser kamen und die Winde wehten und stießen an das Haus, da fiel es ein und sein Fall war groß. Und es begab sich, als Jesus diese Rede vollendet hatte, dass sich das Volk entsetzte über seine Lehre; denn er lehrte sie mit Vollmacht und nicht wie ihre Schriftgelehrten.

# ... zwei Herren dienen.

Die Selig-
preisungen | Als er aber
das Volk sah, ging er auf einen Berg und
setzte sich; und seine Jünger traten zu ihm. Und er tat
seinen Mund auf, lehrte sie und sprach: Selig sind, die da
geistlich arm sind; denn ihrer ist das Himmelreich. Selig sind, die da
Leid tragen; denn sie sollen getröstet werden. Selig sind die Sanftmütigen;
denn sie werden das Erdreich besitzen. Selig sind, die da hungert und dürstet nach
der Gerechtigkeit; denn sie sollen satt werden. Selig sind die Barmherzigen; denn sie
werden Barmherzigkeit erlangen. Selig sind, die reinen Herzens sind; denn sie werden Gott
schauen. Selig sind die Friedfertigen; denn sie werden Gottes Kinder heißen. Selig sind, die um der
Gerechtigkeit willen verfolgt werden; denn ihrer ist das Himmelreich. Selig seid ihr, wenn euch die
Menschen um meinetwillen schmähen und verfolgen und reden allerlei Übles gegen euch, wenn sie damit
lügen. Seid fröhlich und getrost; es wird euch im Himmel reichlich belohnt werden. Denn ebenso haben sie
verfolgt die Propheten, die vor euch gewesen sind . | Salz und Licht | Ihr seid das Salz der Erde. Wenn nun das Salz
nicht mehr salzt, womit soll man salzen? Es ist zu nichts mehr nütze, als dass man es wegschüttet und lässt es von den
Leuten zertreten. Ihr seid das Licht der Welt. Es kann die Stadt, die auf einem Berge liegt, nicht verborgen sein. Man
zündet auch nicht ein Licht an und setzt es unter einen Scheffel, sondern auf einen Leuchter; so leuchtet es allen, die im Hause
sind. So lasst euer Licht leuchten vor den Leuten, damit sie eure guten Werke sehen und euren Vater im Himmel preisen. | Jesu
Stellung zum Gesetz | Ihr sollt nicht meinen, dass ich gekommen bin, das Gesetz oder die Propheten aufzulösen; ich bin nicht gekom-
men aufzulösen, sondern zu erfüllen. Denn wahrlich, ich sage euch: Bis Himmel und Erde vergehen, wird nicht vergehen der kleinste
Buchstabe noch ein Tüpfelchen vom Gesetz, bis es alles geschieht. Wer nun eines von diesen kleinsten Geboten auflöst und lehrt die
Leute so, der wird der Kleinste heißen im Himmelreich; wer es aber tut und lehrt, der wird groß heißen im Himmelreich. Denn ich sage euch:
Wenn eure Gerechtigkeit nicht besser ist als die der Schriftgelehrten und Pharisäer, so werdet ihr nicht in das Himmelreich kommen. | Vom
Töten | Ihr habt gehört, dass zu den Alten gesagt ist (.Mose ,; ,): »Du sollst nicht töten«; wer aber tötet, der soll des Gerichts schuldig sein. Ich
aber sage euch: Wer mit seinem Bruder zürnt, der ist des Gerichts schuldig; wer aber zu seinem Bruder sagt: Du Nichtsnutz!, der ist des Hohen Rats
schuldig; wer aber sagt: Du Narr!, der ist des höllischen Feuers schuldig. Darum: wenn du deine Gabe auf dem Altar opferst und dort kommt dir in den
Sinn, dass dein Bruder etwas gegen dich hat, so lass dort vor dem Altar deine Gabe und geh zuerst hin und versöhne dich mit deinem Bruder, und dann
komm und opfere deine Gabe. Vertrage dich mit deinem Gegner sogleich, solange du noch mit ihm auf dem Weg bist, damit dich der Gegner nicht dem
Richter überantworte und der Richter dem Gerichtsdiener und du ins Gefängnis geworfen werdest. Wahrlich, ich sage dir: Du wirst nicht von dort heraus-
kommen, bis du auch den letzten Pfennig bezahlt hast. | Vom Ehebrechen | Ihr habt gehört, dass gesagt ist (.Mose ,): »Du sollst nicht ehebrechen.« Ich aber
sage euch: Wer eine Frau ansieht, sie zu begehren, der hat schon mit ihr die Ehe gebrochen in seinem Herzen. Wenn dich aber dein rechtes Auge zum Abfall
verführt, so reiß es aus und wirf's von dir. Es ist besser für dich, dass eins deiner Glieder verderbe und nicht der ganze Leib in die Hölle geworfen werde. Wenn
dich deine rechte Hand zum Abfall verführt, so hau sie ab und wirf sie von dir. Es ist besser für dich, dass eins deiner Glieder verderbe und nicht der ganze Leib
in die Hölle fahre. Es ist auch gesagt (.Mose ,): »Wer sich von seiner Frau scheidet, der soll ihr einen Scheidebrief geben.« Ich aber sage euch: Wer sich von seiner
Frau scheidet, es sei denn wegen Ehebruchs, der macht, dass sie die Ehe bricht; und wer eine Geschiedene heiratet, der bricht die Ehe. | Vom Schwören | Ihr habt
weiter gehört, dass zu den Alten gesagt ist (.Mose ,; .Mose ,): »Du sollst keinen falschen Eid schwören und sollst dem Herrn deinen Eid halten.« Ich aber sage euch,
dass ihr überhaupt nicht schwören sollt, weder bei dem Himmel, denn er ist Gottes Thron; noch bei der Erde, denn sie ist der Schemel seiner Füße; noch bei Jerusalem,
denn sie ist die Stadt des großen Königs. Auch sollst du nicht bei deinem Haupt schwören; denn du vermagst nicht ein einziges Haar weiß oder schwarz zu machen.
Eure Rede aber sei: Ja, ja; nein, nein. Was darüber ist, das ist vom Übel. | Vom Vergelten | Ihr habt gehört, dass gesagt ist (.Mose ,): »Auge um Auge, Zahn um Zahn.«
Ich aber sage euch, dass ihr nicht widerstreben sollt dem Übel, sondern: wenn dich jemand auf deine rechte Backe schlägt, dem biete die andere auch dar. Und wenn
jemand mit dir rechten will und dir deinen Rock nehmen, dem lass auch den Mantel. Und wenn dich jemand nötigt, eine Meile mitzugehen, so geh mit ihm zwei. Gib dem,
der dich bittet, und wende dich nicht ab von dem, der etwas von dir borgen will. | Von der Feindesliebe | Ihr habt gehört, dass gesagt ist: »Du sollst deinen Nächsten lie-
ben« (.Mose ,) und deinen Feind hassen. Ich aber sage euch: Liebt eure Feinde und bittet für die, die euch verfolgen, damit ihr Kinder seid eures Vaters im Himmel. Denn
er lässt seine Sonne aufgehen über Böse und Gute und lässt regnen über Gerechte und Ungerechte. Denn wenn ihr liebt, die euch lieben, was werdet ihr für Lohn haben?
Tun nicht dasselbe auch die Zöllner? Und wenn ihr nur zu euren Brüdern freundlich seid, was tut ihr Besonderes? Tun nicht dasselbe auch die Heiden? Darum sollt ihr
vollkommen sein, wie euer Vater im Himmel vollkommen ist. | Matthäus 6. Kapitel | Vom Almosengeben | Habt Acht auf eure Frömmigkeit, dass ihr die nicht übt vor den
Leuten, um von ihnen gesehen zu werden; ihr habt sonst keinen Lohn bei eurem Vater im Himmel. Wenn du nun Almosen gibst, sollst du es nicht vor dir ausposaunen lassen,
wie es die Heuchler tun in den Synagogen und auf den Gassen, damit sie von den Leuten gepriesen werden. Wahrlich, ich sage euch: Sie haben ihren Lohn schon gehabt. Wenn
du aber Almosen gibst, so lass deine linke Hand nicht wissen, was die rechte tut, damit dein Almosen verborgen bleibe; und dein Vater, der in das Verborgene sieht, wird
dir's vergelten. | Vom Beten / Das Vaterunser | Und wenn ihr betet, sollt ihr nicht sein wie die Heuchler, die gern in den Synagogen und an den Straßenecken stehen und beten,
damit sie von den Leuten gesehen werden. Wahrlich, ich sage euch: Sie haben ihren Lohn schon gehabt. Wenn du aber betest, so geh in dein Kämmerlein und schließ die Tür
zu und bete zu deinem Vater, der im Verborgenen ist; und dein Vater, der in das Verborgene sieht, wird dir's vergelten. Und wenn ihr betet, sollt ihr nicht viel plappern wie
die Heiden; denn sie meinen, sie werden erhört, wenn sie viele Worte machen. Darum sollt ihr ihnen nicht gleichen. Denn euer Vater weiß, was ihr bedürft, bevor ihr ihn
bittet. Darum sollt ihr so beten: Unser Vater im Himmel! Dein Name werde geheiligt. Dein Reich komme. Dein Wille geschehe wie im Himmel so auf Erden. Unser tägliches
Brot gib uns heute. Und vergib uns unsere Schuld, wie auch wir vergeben unsern Schuldigern. Und führe uns nicht in Versuchung, sondern erlöse uns von dem Bösen. [Denn
dein ist das Reich und die Kraft und die Herrlichkeit in Ewigkeit. Amen.] Denn wenn ihr den Menschen ihre Verfehlungen vergebt, so wird euch euer himmlischer Vater auch
vergeben. Wenn ihr aber den Menschen nicht vergebt, so wird euch euer Vater eure Verfehlungen auch nicht vergeben. | Vom Fasten | Wenn ihr fastet, sollt ihr nicht sauer
dreinsehen wie die Heuchler; denn sie verstellen ihr Gesicht, um sich vor den Leuten zu zeigen mit ihrem Fasten. Wahrlich, ich sage euch: Sie haben ihren Lohn schon gehabt.
Wenn du aber fastest, so salbe dein Haupt und wasche dein Gesicht, damit du dich nicht vor den Leuten zeigst mit deinem Fasten, sondern vor deinem Vater, der im Verbor-
genen ist; und dein Vater, der in das Verborgene sieht, wird dir's vergelten. | Vom Schätzesammeln und Sorgen | Ihr sollt euch nicht Schätze sammeln auf Erden, wo sie die
Motten und der Rost fressen und wo die Diebe einbrechen und stehlen. Sammelt euch aber Schätze im Himmel, wo sie weder Motten noch Rost fressen und wo die Diebe
nicht einbrechen und stehlen. Denn wo dein Schatz ist, da ist auch dein Herz. Das Auge ist das Licht des Leibes. Wenn dein Auge lauter ist, so wird dein ganzer Leib licht
sein. Wenn aber dein Auge böse ist, so wird dein ganzer Leib finster sein. Wenn nun das Licht, das in dir ist, Finsternis ist, wie groß wird dann die Finsternis sein! Niemand
kann zwei Herren dienen: Entweder er wird den einen hassen und den andern lieben, oder er wird an dem einen hängen und den andern verachten. Ihr könnt nicht Gott
dienen und dem Mammon. Darum sage ich euch: Sorgt nicht um euer Leben, was ihr essen und trinken werdet; auch nicht um euren Leib, was ihr anziehen werdet. Ist
nicht das Leben mehr als die Nahrung und der Leib mehr als die Kleidung? Seht die Vögel unter dem Himmel an: sie säen nicht, sie ernten nicht, sie sammeln nicht in
die Scheunen; und euer himmlischer Vater ernährt sie doch. Seid ihr denn nicht viel mehr als sie? Wer ist unter euch, der seines Lebens Länge eine Spanne zusetzen
könnte, wie sehr er sich auch darum sorgt? Und warum sorgt ihr euch um die Kleidung? Schaut die Lilien auf dem Feld an, wie sie wachsen: sie arbeiten nicht, auch
spinnen sie nicht. Ich sage euch, dass auch Salomo in aller seiner Herrlichkeit nicht gekleidet gewesen ist wie eine von ihnen. Wenn nun Gott das Gras auf dem Feld
so kleidet, das doch heute steht und morgen in den Ofen geworfen wird: sollte er das nicht viel mehr für euch tun, ihr Kleingläubigen? Darum sollt ihr nicht sorgen
und sagen: Was werden wir essen? Was werden wir trinken? Womit werden wir uns kleiden? Nach dem allen trachten die Heiden. Denn euer himmlischer Vater
weiß, dass ihr all dessen bedürft. Trachtet zuerst nach dem Reich Gottes und nach seiner Gerechtigkeit, so wird euch das alles zufallen. Darum sorgt nicht für
morgen, denn der morgige Tag wird für das Seine sorgen. Es ist genug, dass jeder Tag seine eigene Plage hat. | Matthäus 7. Kapitel | Vom Richtgeist | Richtet
nicht, damit ihr nicht gerichtet werdet. Denn nach welchem Recht ihr richtet, werdet ihr gerichtet werden; und mit welchem Maß ihr messt, wird euch zuge-
messen werden. Was siehst du aber den Splitter in deines Bruders Auge und nimmst nicht wahr den Balken in deinem Auge? Oder wie kannst du sagen zu
deinem Bruder: Halt, ich will dir den Splitter aus deinem Auge ziehen?, und siehe, ein Balken ist in deinem Auge. Du Heuchler, zieh zuerst den Balken aus
deinem Auge; danach sieh zu, wie du den Splitter aus deines Bruders Auge ziehst. Ihr sollt das Heilige nicht den Hunden geben und eure Perlen sollt ihr
nicht vor die Säue werfen, damit die sie nicht zertreten mit ihren Füßen und sich umwenden und euch zerreißen. | Von der Gebetserhörung | Bittet, so
wird euch gegeben; suchet, so werdet ihr finden; klopfet an, so wird euch aufgetan. Denn wer da bittet, der empfängt; und wer da sucht, der findet;
und wer da anklopft, dem wird aufgetan. Wer ist unter euch Menschen, der seinem Sohn, wenn er ihn bittet um Brot, einen Stein biete? Oder, wenn
er ihn bittet um einen Fisch, eine Schlange biete? Wenn nun ihr, die ihr doch böse seid, dennoch euren Kindern gute Gaben geben könnt, wie viel
mehr wird euer Vater im Himmel Gutes geben denen, die ihn bitten! | Vom Tun des göttlichen Willens | Alles nun, was ihr wollt, dass euch die
Leute tun sollen, das tut ihnen auch! Das ist das Gesetz und die Propheten. Geht hinein durch die enge Pforte. Denn die Pforte ist weit und
der Weg ist breit, der zur Verdammnis führt, und viele sind's, die auf ihm hineingehen. Wie eng ist die Pforte und wie schmal der Weg,
der zum Leben führt, und wenige sind's, die ihn finden! Seht euch vor vor den falschen Propheten, die in Schafskleidern zu euch
kommen, inwendig aber sind sie reißende Wölfe. An ihren Früchten sollt ihr sie erkennen. Kann man denn Trauben lesen von den
Dornen oder Feigen von den Disteln? So bringt jeder gute Baum gute Früchte; aber ein fauler Baum bringt schlechte Früchte. Ein
guter Baum kann nicht schlechte Früchte bringen und ein fauler Baum kann nicht gute Früchte bringen. Jeder Baum, der nicht
gute Früchte bringt, wird abgehauen und ins Feuer geworfen. Darum: an ihren Früchten sollt ihr sie erkennen. Es werden
nicht alle, die zu mir sagen: Herr, Herr!, in das Himmelreich kommen, sondern die den Willen tun meines Vaters im
Himmel. Es werden viele zu mir sagen an jenem Tage: Herr, Herr, haben wir nicht in deinem Namen geweissagt?
Haben wir nicht in deinem Namen böse Geister ausgetrieben? Haben wir nicht in deinem Namen viele Wunder
getan? Dann werde ich ihnen bekennen: Ich habe euch noch nie gekannt; weicht von mir, ihr Übeltäter! |
Vom Hausbau | Darum, wer diese meine Rede hört und tut sie, der gleicht einem klugen Mann, der sein
Haus auf Fels baute. Als nun ein Platzregen fiel und die Wasser kamen und die Winde wehten und
stießen an das Haus, fiel es doch nicht ein; denn es war auf Fels gegründet. Und wer diese
meine Rede hört und tut sie nicht, der gleicht einem törichten Mann, der sein Haus auf
Sand baute. Als nun ein Platzregen fiel und die Wasser kamen und die Winde
wehten und stießen an das Haus, da fiel es ein und sein Fall war groß. Und
es begab sich, als Jesus diese Rede vollendet hatte, dass sich das
Volk entsetzte über seine Lehre; denn er lehrte sie mit Voll-
macht und nicht wie ihre Schriftgelehrten.

THE UNITED STATES OF AMERICA
A40499101E
A40499101E
WASHINGTON, D.C.
ONE DOLLAR
Aug 1, 1989
17

Ihr könnt
nicht
Gott dienen
und dem
Mammon.

**Seht die Vögel unter dem Himmel an:
sie säen nicht, sie ernten nicht, sie sammeln nicht in die Scheunen;
und euer himmlischer Vater ernährt sie doch.**

# Was werden wir essen?

Was werden wir trinken? Womit werden wir uns kleiden?

Trachtet zuerst nach dem Reich Gottes und

nach seiner Gerechtigkeit, so wird euch das alles zufallen.

Darum sorgt nicht für morgen, denn der morgige Tag wird für das

Seine sorgen. Es ist genug, dass jeder Tag seine eigene Plage hat.

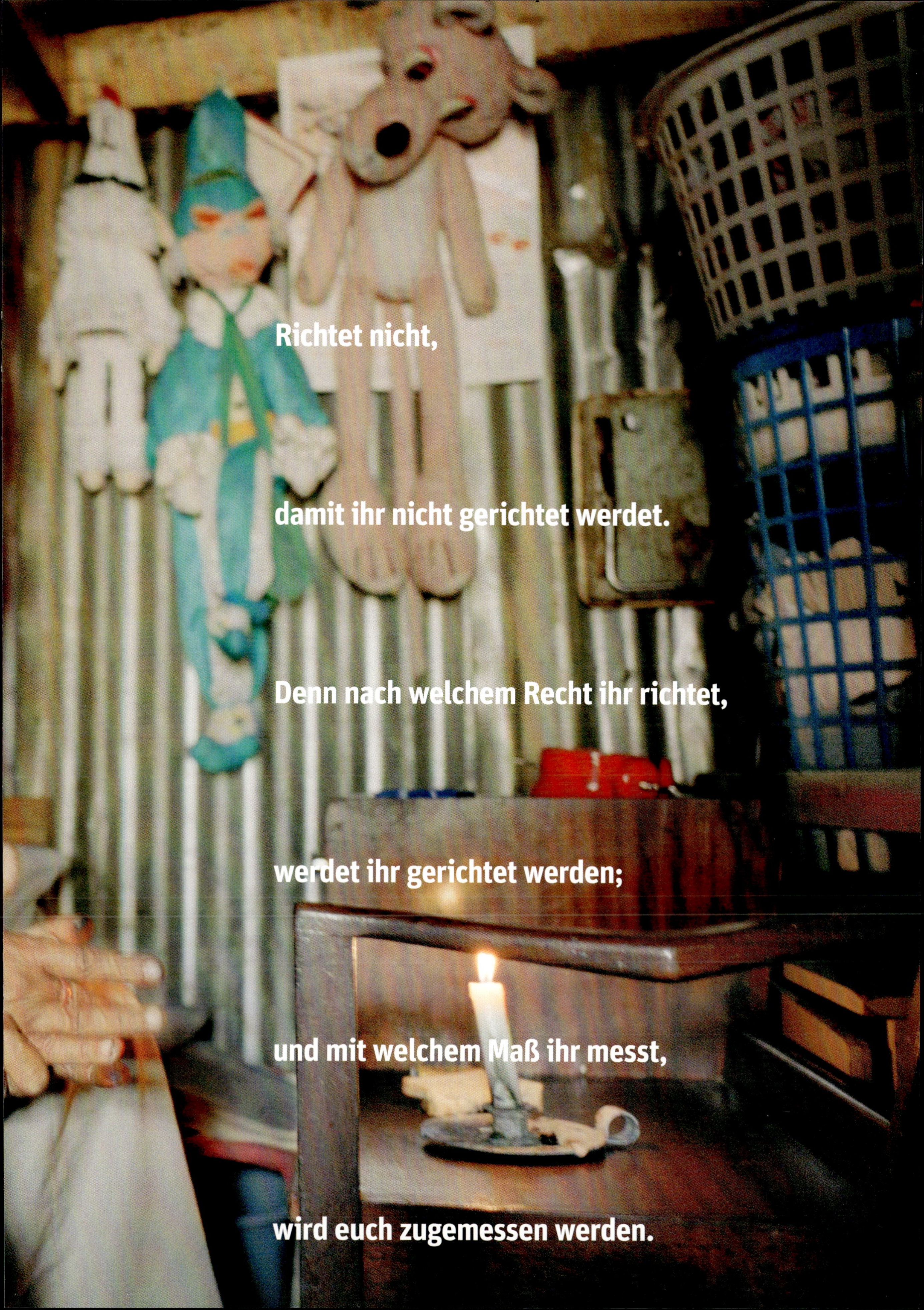

Richtet nicht,

damit ihr nicht gerichtet werdet.

Denn nach welchem Recht ihr richtet,

werdet ihr gerichtet werden;

und mit welchem Maß ihr messt,

wird euch zugemessen werden.

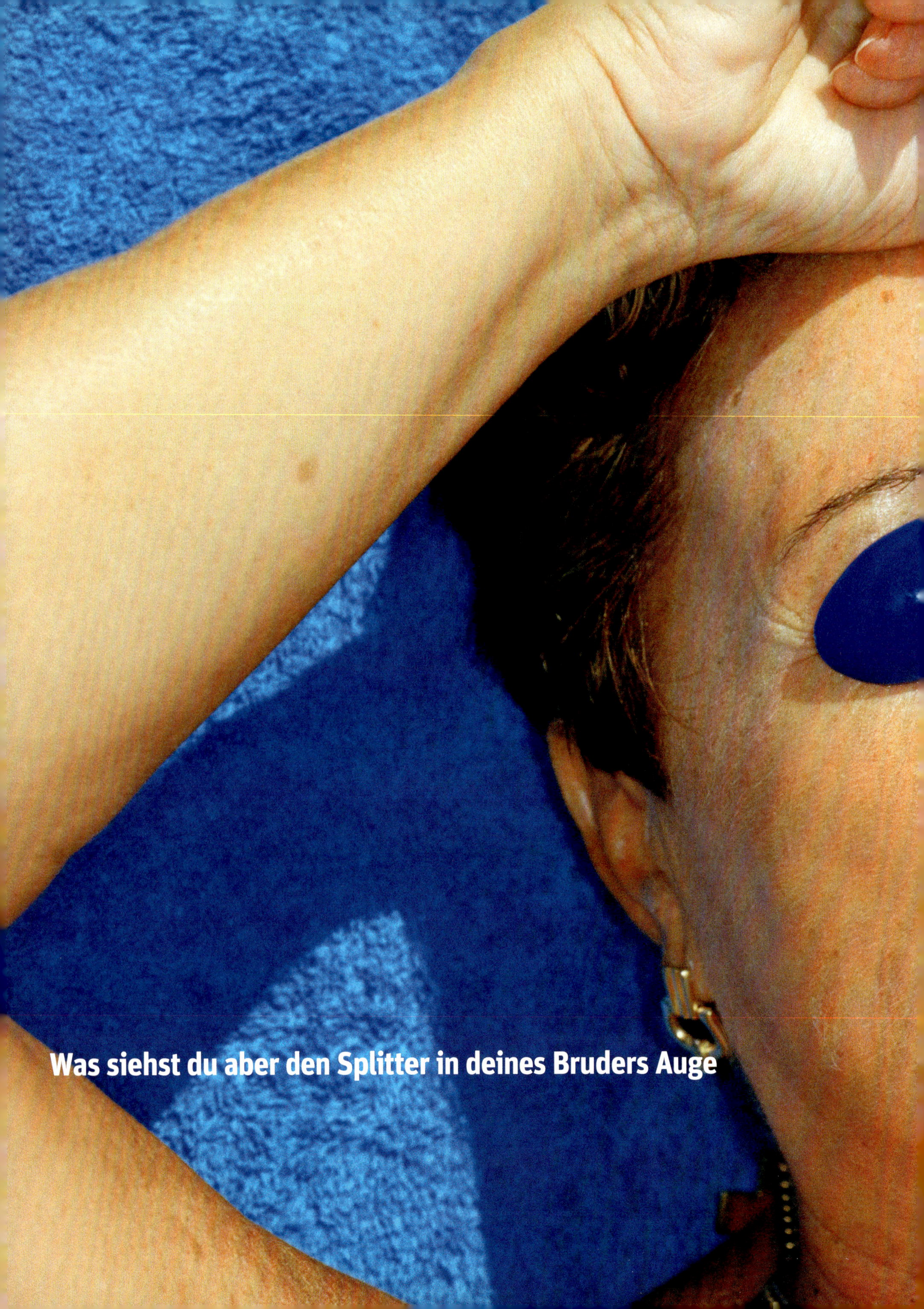
Was siehst du aber den Splitter in deines Bruders Auge

und nimmst nicht wahr den Balken in deinem Auge?

Ihr sollt das Heilige nicht den Hunden geben
und eure Perlen sollt ihr nicht vor die Säue werfen,

damit die sie nicht zertreten mit ihren Füßen
und sich umwenden und euch zerreißen.

wer da bittet,
der empfängt;
und wer da sucht,
der findet;
und wer da anklopft,
dem wird aufgetan.

Wenn nun ihr,

die ihr doch böse seid,

dennoch euren Kindern

gute Gaben geben könnt,

wie viel mehr

wird euer Vater im Himmel

Gutes geben denen,

die ihn bitten!

£1.99
my Fun Toy
"MAMA" VOICE BABY DOLL

**Geht hinein durch die enge Pforte.**

**Denn die Pforte ist weit und der Weg ist breit,**
**der zur Verdammnis führt, und viele sind's, die auf ihm hineingehen.**

So bringt jeder gute Baum gute Früchte;

aber ein fauler Baum bringt schlechte Früchte.

# … an ihren Früchten

sollt ihr sie erkennen.

Es werden nicht alle, die zu mir sagen:
Herr, Herr!, in das Himmelreich kommen, sondern die den Willen tun meines Vaters im Himmel.
Es werden viele zu mir sagen an jenem Tage:
Herr, Herr, haben wir nicht in deinem Namen geweissagt?
Haben wir nicht in deinem Namen böse Geister ausgetrieben?
Haben wir nicht in deinem Namen viele Wunder getan?

Dann werde ich ihnen bekennen:
Ich habe euch noch nie gekannt;
weicht von mir,

ihr Übeltäter!

Darum, wer diese meine Rede hört und tut sie, der gleicht einem klugen Mann, der sein Haus auf Fels baute.
Als nun ein Platzregen fiel und die Wasser kamen und die Winde wehten und stießen an das Haus, fiel es doch nicht ein; denn es war auf Fels gegründet.

Und wer diese meine Rede hört und tut sie nicht, der gleicht einem törichten Mann, der sein Haus auf Sand baute. Als nun ein Platzregen fiel und die Wasser kamen und die Winde wehten und stießen an das Haus, da fiel es ein und sein Fall war groß.

Und es begab sich, als Jesus diese Rede vollendet hatte,
dass sich das Volk entsetzte über seine Lehre; denn er lehrte sie
mit Vollmacht und nicht wie ihre Schriftgelehrten.

# die berg predigt

»Suchet nun in dem Buch des Herrn und lest«, rät der Prophet Jesaja. Und geht davon aus, dass der Mensch versteht, was er dort geschrieben findet. Allein: Die Bibel war lange ein Buch mit sieben Siegeln, jenen vorbehalten, die des Lesens und darüber hinaus des Hebräischen, Griechischen und Lateinischen kundig waren. Es ist das Verdienst der Reformationszeit, dass mit diesem Privileg gebrochen wurde – fortan gab es Bibeln in vielerlei Sprachen, und die Texte waren nicht mehr unantastbar. Heute besitzen wir eine Vielzahl von Bibelübersetzungen, die alle auf ihre eigene Weise deutlich machen, welche Erfahrungen, Absichten und Hoffnungen die Menschen mit diesen Texten verbinden. Im Folgenden sind vier Übersetzungen einander gegenübergestellt und laden zum Vergleich ein.

Am Anfang steht die *Luther-Übersetzung* in der Fassung des Jahres 1984, die trotz aller Modernisierung, die sie im 19. und 20. Jahrhundert erfahren hat, als eine Sprachschöpfung von besonderem Rang gilt. Eine Besonderheit sind die fett gedruckten Bibelverse, die dadurch als Kernstellen kenntlich gemacht wurden und in früheren Zeiten auswendig zu lernen waren. Hier zeigt sich die Luther-Bibel als protestantisches Bildungsprogramm, das auf diesem Wege eine Vielzahl geflügelter Worte hervorgebracht hat: Niemand kann zwei Herren dienen (Mt 6,24); die Lilien auf dem Felde (Mt 6,28); die Perlen, die wir vor die Säue werfen (Mt 7,6); den Wolf im Schafspelz (Mt 7,15) sowie das Haus, das wir auf Sand bauen (Mt 7,26) – um nur einige besonders bekannte zu nennen.

Die *Einheitsübersetzung* ist der gültige Text für den liturgischen Gebrauch im römisch-katholischen Gottesdienst – und zwar für den gesamten deutschen Sprachraum. Initiiert wurde diese Übersetzung zu Beginn der sechziger Jahre, während in Rom das Zweite Vatikanische Konzil tagte; bis dato hatten rund zwei Dutzend unterschiedliche Bibelausgaben als Grundlage für Gottesdienst, Katechese und Schulunterricht gedient. Schon früh entwickelte sich das Vorhaben zu einem ökumenischen Projekt, das im Jahr 2005 allerdings von Seiten der EKD aufgekündigt wurde, da die katholische Seite gehalten war, den gemeinsam erarbeiteten Text vom Vatikan gutheißen zu lassen. Die *Einheitsübersetzung* atmet den Geist der sechziger und siebziger

Jahre, erkennbar in ihrer leicht verständlichen, bisweilen sogar nüchternen Sprache und den vielen erklärenden Beigaben, die den Einfluss der modernen Bibelwissenschaften auf die Textgestaltung kennzeichnen.

Die Übersetzung *Hoffnung für alle* wird vom Brunnen Verlag Basel in Zusammenarbeit mit der International Bible Society in Colorado Springs/USA seit 1982 herausgegeben. Deren Motto: Lesen Sie die Bibel nicht nur, leben Sie sie! *Hoffnung für alle* macht sich diese Forderung zu eigen und präsentiert einen Text, der bemerkenswert flüssig zu lesen und zudem sehr gut verständlich ist. In seinem lebendigen und erzählerischen Stil trifft er den Ton der Menschen von heute. Zwar werfen Kritiker dieser Übersetzung vor, sie entferne sich allzu sehr von den Urtexten und sei eher Übertragung denn Übersetzung. Doch dessen ungeachtet hat diese Bibelausgabe viele Leser gefunden, insbesondere unter evangelikalen Christen.

Die jüngste der hier vorgestellten Bibelübersetzungen ist die *Bibel in gerechter Sprache*, die 2006 erschienen ist. Sie möchte der biblischen Forderung nach »Gerechtigkeit« in dreifacher Hinsicht entsprechen. So geht es zum einen um eine Sprache, die die weibliche Dimension der biblischen Texte bewusst in den Blick nimmt. Zum zweiten werden soziale Unrechts- und Gewaltverhältnisse beim Namen genannt. Und drittens sollen antijüdische Traditionen überwunden werden. So heißt es in Luthers Übersetzung von Mt 5,22: »Ich aber sage euch«, was bisher als Aufruf Jesu gegen die jüdische Gesetzlichkeit ausgelegt wurde. Die *Bibel in gerechter Sprache* übersetzt diese Worte hingegen mit »Ich lege euch das heute so aus« und stellt Jesus damit in die Tradition der jüdischen Rabbiner. Die Übersetzer haben von Anfang an deutlich gemacht, dass ihre Neuschöpfung zunächst die Funktion einer begleitenden Interpretation hat. Dennoch ist ihre Arbeit sprachlich und theologisch umstritten; die Verwendung dieser Bibel im Gottesdienst wird von den meisten Gliedkirchen der EKD abgelehnt.

## Martin Luther (1984)

Matthäus 5. Kapitel

### Die Seligpreisungen

1 Als er aber das Volk sah, ging er auf einen Berg und setzte sich; und seine Jünger traten zu ihm.
2 Und er tat seinen Mund auf, lehrte sie und sprach:
3 **Selig sind, die da geistlich arm sind; denn ihrer ist das Himmelreich.**
4 **Selig sind, die da Leid tragen; denn sie sollen getröstet werden.**
5 **Selig sind die Sanftmütigen; denn sie werden das Erdreich besitzen.**
6 **Selig sind, die da hungert und dürstet nach der Gerechtigkeit; denn sie sollen satt werden.**
7 **Selig sind die Barmherzigen; denn sie werden Barmherzigkeit erlangen.**
8 **Selig sind, die reinen Herzens sind; denn sie werden Gott schauen.**
9 **Selig sind die Friedfertigen; denn sie werden Gottes Kinder heißen.**
10 **Selig sind, die um der Gerechtigkeit willen verfolgt werden; denn ihrer ist das Himmelreich.**
11 Selig seid ihr, wenn euch die Menschen um meinetwillen schmähen und verfolgen und reden allerlei Übles gegen euch, wenn sie damit lügen.
12 Seid fröhlich und getrost; es wird euch im Himmel reichlich belohnt werden. Denn ebenso haben sie verfolgt die Propheten, die vor euch gewesen sind.

### Salz und Licht

13 **Ihr seid das Salz der Erde.** Wenn nun das Salz nicht mehr salzt, womit soll man salzen? Es ist zu nichts mehr nütze, als dass man es wegschüttet und lässt es von den Leuten zertreten.
14 **Ihr seid das Licht der Welt.** Es kann die Stadt, die auf einem Berge liegt, nicht verborgen sein.
15 Man zündet auch nicht ein Licht an und setzt es unter einen Scheffel, sondern auf einen Leuchter; so leuchtet es allen, die im Hause sind.
16 So lasst euer Licht leuchten vor den Leuten, damit sie eure guten Werke sehen und euren Vater im Himmel preisen.

### Jesu Stellung zum Gesetz

17 Ihr sollt nicht meinen, dass ich gekommen bin, das Gesetz oder die Propheten aufzulösen; ich bin nicht gekommen aufzulösen, sondern zu erfüllen.
18 Denn wahrlich, ich sage euch: Bis Himmel und Erde vergehen, wird nicht vergehen der kleinste Buchstabe noch ein Tüpfelchen vom Gesetz, bis es alles geschieht.
19 Wer nun eines von diesen kleinsten Geboten auflöst und lehrt die Leute so, der wird der Kleinste heißen im Himmelreich; wer es aber tut und lehrt, der wird groß heißen im Himmelreich.

## Einheitsübersetzung (röm.-kath.)

Das Evangelium nach Matthäus, Kapitel 5

### Die Bergpredigt: Die Rede von der wahren Gerechtigkeit: 5,1 – 7,29

1 Als Jesus die vielen Menschen sah, stieg er auf einen Berg. Er setzte sich, und seine Jünger traten zu ihm.
2 Dann begann er zu reden und lehrte sie.

### Die Seligpreisungen

3 Er sagte: Selig, die arm sind vor Gott; / denn ihnen gehört das Himmelreich.
4 Selig die Trauernden; / denn sie werden getröstet werden.
5 Selig, die keine Gewalt anwenden; / denn sie werden das Land erben.
6 Selig, die hungern und dürsten nach der Gerechtigkeit; / denn sie werden satt werden.
7 Selig die Barmherzigen; / denn sie werden Erbarmen finden.
8 Selig, die ein reines Herz haben; / denn sie werden Gott schauen.
9 Selig, die Frieden stiften; / denn sie werden Söhne Gottes genannt werden.
10 Selig, die um der Gerechtigkeit willen verfolgt werden; / denn ihnen gehört das Himmelreich.
11 Selig seid ihr, wenn ihr um meinetwillen beschimpft und verfolgt und auf alle mögliche Weise verleumdet werdet.
12 Freut euch und jubelt: Euer Lohn im Himmel wird groß sein. Denn so wurden schon vor euch die Propheten verfolgt.

### Vom Salz der Erde und vom Licht der Welt

13 Ihr seid das Salz der Erde. Wenn das Salz seinen Geschmack verliert, womit kann man es wieder salzig machen? Es taugt zu nichts mehr; es wird weggeworfen und von den Leuten zertreten.
14 Ihr seid das Licht der Welt. Eine Stadt, die auf einem Berg liegt, kann nicht verborgen bleiben.
15 Man zündet auch nicht ein Licht an und stülpt ein Gefäß darüber, sondern man stellt es auf den Leuchter; dann leuchtet es allen im Haus.
16 So soll euer Licht vor den Menschen leuchten, damit sie eure guten Werke sehen und euren Vater im Himmel preisen.

### Vom Gesetz und von den Propheten

17 Denkt nicht, ich sei gekommen, um das Gesetz und die Propheten aufzuheben. Ich bin nicht gekommen, um aufzuheben, sondern um zu erfüllen.
18 Amen, das sage ich euch: Bis Himmel und Erde vergehen, wird auch nicht der kleinste Buchstabe des Gesetzes vergehen, bevor nicht alles geschehen ist.
19 Wer auch nur eines von den kleinsten Geboten aufhebt und die Menschen entsprechend lehrt, der wird im Himmelreich der Kleinste sein. Wer sie aber hält und halten lehrt, der wird groß sein im Himmelreich.

# Hoffnung für alle

5

Die Bergpredigt – Maßstäbe, die herausfordern

1 Als Jesus die Menschenmenge sah, stieg er auf einen Berg. Er setzte sich, und seine Jünger traten zu ihm.
2 Da begann er, sie zu unterweisen:

Wen Jesus glücklich nennt

3 »Glücklich sind, die erkennen, wie arm sie vor Gott sind, denn ihnen gehört die neue Welt Gottes.
4 Glücklich sind die Trauernden, denn sie werden Trost finden.
5 Glücklich sind die Friedfertigen, denn sie werden die ganze Erde besitzen.
6 Glücklich sind, die nach Gerechtigkeit hungern und dürsten, denn sie sollen satt werden.
7 Glücklich sind die Barmherzigen, denn sie werden Barmherzigkeit erfahren.
8 Glücklich sind, die ein reines Herz haben, denn sie werden Gott sehen.
9 Glücklich sind, die Frieden stiften, denn Gott wird sie seine Kinder nennen.
10 Glücklich sind, die verfolgt werden, weil sie nach Gottes Willen leben. Denn ihnen gehört Gottes neue Welt.
11 Glücklich könnt ihr sein, wenn ihr verachtet, verfolgt und verleumdet werdet, weil ihr mir nachfolgt.
12 Ja, freut euch und jubelt, denn im Himmel werdet ihr dafür reich belohnt werden! Genauso haben sie die Propheten früher auch verfolgt.«

Salz und Licht: die Aufgabe der Jünger Jesu in der Welt

13 »Ihr seid für die Welt wie Salz. Wenn das Salz aber fade geworden ist, wodurch soll es seine Würzkraft wiedergewinnen? Es ist nutzlos geworden, man schüttet es weg, und die Leute treten darauf herum.
14 Ihr seid das Licht, das die Welt erhellt. Eine Stadt, die hoch auf dem Berg liegt, kann nicht verborgen bleiben.
15 Man zündet ja auch keine Öllampe an und stellt sie unter einen Eimer. Im Gegenteil: Man stellt sie so auf, dass sie allen im Haus Licht gibt.
16 Genauso soll euer Licht vor allen Menschen leuchten. Sie werden eure guten Taten sehen und euren Vater im Himmel dafür loben.«

Gottes Gebote neu erfüllen

17 »Meint nur nicht, ich sei gekommen, das Gesetz und die Worte der Propheten aufzuheben. Ich werde vielmehr beides bekräftigen und erfüllen.
18 Denn das sage ich euch: Auch der kleinste Buchstabe im Gesetz Gottes behält seine Gültigkeit, solange Himmel und Erde bestehen.
19 Wenn jemand auch nur das geringste Gebot Gottes für ungültig erklärt oder andere dazu verleitet, der wird in Gottes neuer Welt nichts bedeuten. Wer aber anderen Gottes Gebote weitersagt und sich selbst danach richtet, der wird in Gottes neuer Welt großes Ansehen haben.

# Bibel in gerechter Sprache

5

1 Jesus sah die Volksmenge an und stieg auf den Berg. Als er sich hingesetzt hatte, kamen seine Jüngerinnen und Jünger zu ihm.
2 Und er begann feierlich zu reden und lehrte sie:
3 »Selig sind die Armen, denen sogar das Gottvertrauen genommen wurde, denn ihnen gehört Gottes Welt.
4 Selig sind die Trauernden, denn sie werden getröstet werden.
5 Selig sind die Sanftmütigen, denn sie werden das Land erben.
6 Selig sind die, die nach Gerechtigkeit hungern und dürsten, denn sie werden satt werden.
7 Selig sind die Barmherzigen, denn sie werden Barmherzigkeit erfahren.
8 Selig sind die, die reinen Herzens sind, denn sie werden Gott sehen.
9 Selig sind die, die für den Frieden arbeiten, denn sie werden Töchter und Söhne Gottes heißen.
10 Selig sind die, die verfolgt werden, weil sie die Gerechtigkeit lieben, denn ihnen gehört Gottes Welt.
11 Selig seid ihr, wenn sie euch um meinetwillen beschimpfen, verfolgen und böse Lügen über euch verbreiten.
12 Freut euch und singt laut, weil euer Lohn bei Gott groß ist. Die Prophetinnen und Propheten vor euch sind genauso verfolgt worden.
13 Ihr seid das Salz der Erde. Wenn aber das Salz fade wird, womit sollen wir salzen? Es ist völlig unbrauchbar geworden, wird weggeworfen und von den Leuten zertreten.
14 Ihr seid das Licht der Welt. Die Stadt hoch auf dem Berg kann sich nicht verstecken.
15 Niemand zündet ein Licht an und stellt es dann unter einen Krug. Es wird vielmehr auf den Leuchter gesetzt. Dann leuchtet es für alle, die im Haus sind.
16 So soll auch euer Licht den Menschen leuchten, damit sie eure guten Taten sehen und euren Gott im Himmel loben.
17 Denkt nicht, ich sei gekommen, die Tora und die prophetischen Schriften außer Kraft zu setzen! Ich bin nicht gekommen sie außer Kraft zu setzen, sondern sie zu erfüllen.
18 Wahrhaftig, ich sage euch: Bevor Himmel und Erde vergehen, wird von der Tora nicht der kleinste Buchstabe und kein einziges Häkchen vergehen, bis alles getan wird.
19 Wer nur ein einziges dieser Gebote außer Kraft setzt, und sei es das kleinste, und die Menschen entsprechend lehrt, wird in Gottes Welt als klein gelten. Aber wer sie befolgt und lehrt, wird in Gottes Welt groß genannt werden.

20 Denn ich sage euch: Wenn eure Gerechtigkeit nicht besser ist als die der Schriftgelehrten und Pharisäer, so werdet ihr nicht in das Himmelreich kommen.

Vom Töten

21 Ihr habt gehört, dass zu den Alten gesagt ist (2. Mose 20,13; 21,12): »Du sollst nicht töten«; wer aber tötet, der soll des Gerichts schuldig sein.
22 Ich aber sage euch: Wer mit seinem Bruder zürnt, der ist des Gerichts schuldig; wer aber zu seinem Bruder sagt: Du Nichtsnutz!, der ist des Hohen Rats schuldig; wer aber sagt: Du Narr!, der ist des höllischen Feuers schuldig.
23 Darum: wenn du deine Gabe auf dem Altar opferst und dort kommt dir in den Sinn, dass dein Bruder etwas gegen dich hat,
24 so lass dort vor dem Altar deine Gabe und geh zuerst hin und versöhne dich mit deinem Bruder, und dann komm und opfere deine Gabe.
25 Vertrage dich mit deinem Gegner sogleich, solange du noch mit ihm auf dem Weg bist, damit dich der Gegner nicht dem Richter überantworte und der Richter dem Gerichtsdiener und du ins Gefängnis geworfen werdest.
26 Wahrlich, ich sage dir: Du wirst nicht von dort herauskommen, bis du auch den letzten Pfennig bezahlt hast.

Vom Ehebrechen

27 Ihr habt gehört, dass gesagt ist (2. Mose 20,14): »Du sollst nicht ehebrechen.«
28 Ich aber sage euch: Wer eine Frau ansieht, sie zu begehren, der hat schon mit ihr die Ehe gebrochen in seinem Herzen.
29 Wenn dich aber dein rechtes Auge zum Abfall verführt, so reiß es aus und wirf's von dir. Es ist besser für dich, dass eins deiner Glieder verderbe und nicht der ganze Leib in die Hölle geworfen werde.
30 Wenn dich deine rechte Hand zum Abfall verführt, so hau sie ab und wirf sie von dir. Es ist besser für dich, dass eins deiner Glieder verderbe und nicht der ganze Leib in die Hölle fahre.
31 Es ist auch gesagt (5. Mose 24,1): »Wer sich von seiner Frau scheidet, der soll ihr einen Scheidebrief geben.«
32 Ich aber sage euch: Wer sich von seiner Frau scheidet, es sei denn wegen Ehebruchs, der macht, dass sie die Ehe bricht; und wer eine Geschiedene heiratet, der bricht die Ehe.

Vom Schwören

33 Ihr habt weiter gehört, dass zu den Alten gesagt ist (3. Mose 19,12; 4. Mose 30,3): »Du sollst keinen falschen Eid schwören und sollst dem Herrn deinen Eid halten.«
34 Ich aber sage euch, dass ihr überhaupt nicht schwören sollt, weder bei dem Himmel, denn er ist Gottes Thron;



20 Darum sage ich euch: Wenn eure Gerechtigkeit nicht weit größer ist als die der Schriftgelehrten und der Pharisäer, werdet ihr nicht in das Himmelreich kommen.

Vom Töten und von der Versöhnung

21 Ihr habt gehört, dass zu den Alten gesagt worden ist: Du sollst nicht töten; wer aber jemand tötet, soll dem Gericht verfallen sein.
22 Ich aber sage euch: Jeder, der seinem Bruder auch nur zürnt, soll dem Gericht verfallen sein; und wer zu seinem Bruder sagt: Du Dummkopf!, soll dem Spruch des Hohen Rates verfallen sein; wer aber zu ihm sagt: Du (gottloser) Narr!, soll dem Feuer der Hölle verfallen sein.
23 Wenn du deine Opfergabe zum Altar bringst und dir dabei einfällt, dass dein Bruder etwas gegen dich hat,
24 so lass deine Gabe dort vor dem Altar liegen; geh und versöhne dich zuerst mit deinem Bruder, dann komm und opfere deine Gabe.
25 Schließ ohne Zögern Frieden mit deinem Gegner, solange du mit ihm noch auf dem Weg zum Gericht bist. Sonst wird dich dein Gegner vor den Richter bringen und der Richter wird dich dem Gerichtsdiener übergeben und du wirst ins Gefängnis geworfen.
26 Amen, das sage ich dir: Du kommst von dort nicht heraus, bis du den letzten Pfennig bezahlt hast.

Vom Ehebruch

27 Ihr habt gehört, dass gesagt worden ist: Du sollst nicht die Ehe brechen.
28 Ich aber sage euch: Wer eine Frau auch nur lüstern ansieht, hat in seinem Herzen schon Ehebruch mit ihr begangen.
29 Wenn dich dein rechtes Auge zum Bösen verführt, dann reiß es aus und wirf es weg! Denn es ist besser für dich, dass eines deiner Glieder verloren geht, als dass dein ganzer Leib in die Hölle geworfen wird.
30 Und wenn dich deine rechte Hand zum Bösen verführt, dann hau sie ab und wirf sie weg! Denn es ist besser für dich, dass eines deiner Glieder verloren geht, als dass dein ganzer Leib in die Hölle kommt.

Von der Ehescheidung

31 Ferner ist gesagt worden: Wer seine Frau aus der Ehe entlässt, muss ihr eine Scheidungsurkunde geben.
32 Ich aber sage euch: Wer seine Frau entlässt, obwohl kein Fall von Unzucht vorliegt, liefert sie dem Ehebruch aus; und wer eine Frau heiratet, die aus der Ehe entlassen worden ist, begeht Ehebruch.

Vom Schwören

33 Ihr habt gehört, dass zu den Alten gesagt worden ist: Du sollst keinen Meineid schwören, und: Du sollst halten, was du dem Herrn geschworen hast.
34 Ich aber sage euch: Schwört überhaupt nicht, weder beim Himmel, denn er ist Gottes Thron,

## Hoffnung für alle

20 Ich warne euch: Wenn ihr das Gesetz Gottes nicht besser erfüllt als die Pharisäer und Schriftgelehrten, kommt ihr nicht in Gottes neue Welt.«

### Versöhnung mit dem Gegner

21 »Wie ihr wisst, wurde unseren Vorfahren gesagt: ›Du sollst nicht töten! Wer aber einen Mord begeht, muss vor ein Gericht.‹«
22 Doch ich sage euch: Schon wer auf seinen Bruder zornig ist, den erwartet das Gericht. Wer zu seinem Bruder sagt: ›Du Idiot!‹, der wird vom Obersten Gericht verurteilt werden, und wer ihn verflucht, dem ist das Feuer der Hölle sicher.
23 Wenn du eine Opfergabe zum Altar bringst und dir fällt plötzlich ein, dass dein Bruder dir etwas vorzuwerfen hat,
24 dann lass dein Opfer am Altar zurück, geh zu deinem Bruder und versöhne dich mit ihm. Erst danach bring Gott dein Opfer dar.
25 Setz alles daran, dich noch auf dem Weg zum Gericht mit deinem Gegner zu einigen. Sonst wird der Richter dich verurteilen, und der Gerichtsdiener wird dich ins Gefängnis stecken.
26 Und ich sage dir: Von dort wirst du nicht eher wieder herauskommen, bis du auch den letzten Rest deiner Schuld bezahlt hast.«

### Kampf gegen die Sünde

27 »Ihr wisst, dass es im Gesetz heißt: ›Du sollst nicht die Ehe brechen!‹
28 Ich sage euch aber: Schon wer eine Frau mit begehrlichen Blicken ansieht, der hat im Herzen mit ihr die Ehe gebrochen.
29 Wenn dich also dein rechtes Auge zur Sünde verführt, dann reiß es heraus und wirf es weg! Besser, du verlierst eins deiner Glieder, als dass du unversehrt in die Hölle geworfen wirst.
30 Und wenn dich deine rechte Hand zum Bösen verführt, so hack sie ab und wirf sie weg! Es ist besser, verstümmelt zu sein, als unversehrt in die Hölle geworfen zu werden.«

### Ehescheidung

31 »Bisher hieß es: ›Wer sich von seiner Frau trennen will, soll ihr eine Scheidungsurkunde geben.‹
32 Ich sage euch aber: Wer sich von seiner Frau trennt, obwohl sie ihn nicht betrogen hat, der treibt sie zum Ehebruch. Und wer eine geschiedene Frau heiratet, der begeht Ehebruch.«

### Keine Beteuerungen!

33 »Ihr kennt auch diese Anweisung des Gesetzes: ›Du sollst keinen Meineid schwören und alles halten, was du vor Gott versprochen hast.‹
34 Ich sage euch aber: Schwört überhaupt nicht! Schwört weder beim Himmel – denn er ist Gottes Thron –

## Bibel in gerechter Sprache

20 Denn ich sage euch: Wenn eure Gerechtigkeit nicht über die schriftgelehrte und pharisäische Gerechtigkeit hinausgeht, werdet ihr nicht in Gottes Welt kommen.
21 Ihr habt gehört, dass Gott zu früheren Generationen sprach: Du sollst nicht töten. Wer aber tötet, wird vor Gericht als schuldig gelten.
22 Ich lege euch das heute so aus: Die das Leben ihrer Geschwister im Zorn beschädigen, werden vor Gericht als schuldig gelten. Und die ihre Geschwister durch Herabwürdigung beschädigen, werden in der Ratsversammlung als schuldig gelten. Und wer ihnen das Lebensrecht abspricht, wird im Gottesgericht als schuldig gelten.
23 Wenn du also im Begriff bist, deine Gabe auf dem Altar darzubringen, und dich dort erinnerst, dass eines deiner Geschwister etwas gegen dich hat,
24 so lass dein Opfer dort vor dem Altar und geh, vertrage dich erst mit deinem Bruder oder deiner Schwester, und dann magst du kommen und dein Opfer darbringen.
25 Einige dich schnell mit Menschen, die dich vor Gericht bringen wollen, solange du noch mit ihnen auf dem Weg bist, damit sie dich nicht aburteilen lassen und du dem Gerichtsdiener übergeben wirst und ins Gefängnis musst.
26 Wahrhaftig, ich sage dir, du wirst von dort nicht freikommen, ehe du nicht den letzten Rest deiner Schulden bezahlt hast.
27 Ihr habt gehört, dass Gott gesagt hat: du sollst nicht ehebrechen.
28 Ich lege euch das heute so aus: Wenn jemand eine Frau durch seinen begehrlichen Blick erniedrigt, hat er in seinem Herzen mit ihr schon die Ehe gebrochen.
29 Wenn dein rechtes Auge dich in Gefahr bringt, von Gott abzufallen, reiß es aus und wirf es von dir. Denn es ist besser, dass eines deiner Körperteile verlorengeht, als dass dein ganzer Körper von Gott verurteilt wird.
30 Und wenn deine rechte Hand dich in Gefahr bringt, von Gott abzufallen, schlag sie ab und wirf sie von dir. Es ist besser, dass eines deiner Körperteile verlorengeht, als dass dein ganzer Körper von Gott verurteilt wird.
31 Gott hat gesagt: Wenn eine Frau gehen möchte, gebt ihr einen Scheidebrief.
32 Ich lege euch das heute so aus: Wenn jemand seine Frau einfach nur gehen lässt, ausgenommen im Falle von sexuellen Beziehungen, die die Tora verbietet, verursacht er, dass sie die Ehe bricht. Und wer eine Frau heiratet, die getrennt lebt, bricht ihre erste Ehe.
33 Ihr habt weiterhin gehört, dass Gott zu früheren Generationen gesagt hat: Du sollst keinen Meineid schwören und sollst deine Gelübde bei Adonaj einhalten.
34 Ich lege euch das heute so aus: Ihr sollt überhaupt keine Eide im Namen Gottes ablegen, weder beim Himmel, denn er ist Gottes Thron,

35 noch bei der Erde, denn sie ist der Schemel seiner
Füße; noch bei Jerusalem, denn sie ist die Stadt des
großen Königs.
36 Auch sollst du nicht bei deinem Haupt schwören;
denn du vermagst nicht ein einziges Haar weiß oder
schwarz zu machen.
37 Eure Rede aber sei: Ja, ja; nein, nein. Was darüber
ist, das ist vom Übel.

### Vom Vergelten

38 Ihr habt gehört, dass gesagt ist (2. Mose 21,24):
»Auge um Auge, Zahn um Zahn.«
39 Ich aber sage euch, dass ihr nicht widerstreben sollt
dem Übel, sondern: wenn dich jemand auf deine
rechte Backe schlägt, dem biete die andere auch dar.
40 Und wenn jemand mit dir rechten will und dir
deinen Rock nehmen, dem lass auch den Mantel.
41 Und wenn dich jemand nötigt, eine Meile mitzuge-
hen, so geh mit ihm zwei.
42 Gib dem, der dich bittet, und wende dich nicht ab
von dem, der etwas von dir borgen will.

### Von der Feindesliebe

43 Ihr habt gehört, dass gesagt ist: »Du sollst deinen
Nächsten lieben« (3. Mose 19,18) und deinen Feind
hassen.
44 Ich aber sage euch: **Liebt eure Feinde und bittet
für die, die euch verfolgen,**
45 **damit ihr Kinder seid eures Vaters im Himmel.**
Denn er lässt seine Sonne aufgehen über Böse und
Gute und lässt regnen über Gerechte und Ungerech-
te.
46 Denn wenn ihr liebt, die euch lieben, was werdet
ihr für Lohn haben? Tun nicht dasselbe auch die
Zöllner?
47 Und wenn ihr nur zu euren Brüdern freundlich
seid, was tut ihr Besonderes? Tun nicht dasselbe
auch die Heiden?
48 **Darum sollt ihr vollkommen sein, wie euer Vater
im Himmel vollkommen ist.**

## Matthäus 6. Kapitel

### Vom Almosengeben

1 Habt Acht auf eure Frömmigkeit, dass ihr die nicht
übt vor den Leuten, um von ihnen gesehen zu wer-
den; ihr habt sonst keinen Lohn bei eurem Vater im
Himmel.
2 Wenn du nun Almosen gibst, sollst du es nicht vor
dir ausposaunen lassen, wie es die Heuchler tun in
den Synagogen und auf den Gassen, damit sie von
den Leuten gepriesen werden. Wahrlich, ich sage
euch: Sie haben ihren Lohn schon gehabt.
3 Wenn du aber Almosen gibst, so lass deine linke
Hand nicht wissen, was die rechte tut,
4 damit dein Almosen verborgen bleibe; und dein
Vater, der in das Verborgene sieht, wird dir's vergel-
ten.



35 noch bei der Erde, denn sie ist der Schemel für seine
Füße, noch bei Jerusalem, denn es ist die Stadt des
großen Königs.
36 Auch bei deinem Haupt sollst du nicht schwören;
denn du kannst kein einziges Haar weiß oder
schwarz machen.
37 Euer Ja sei ein Ja, euer Nein ein Nein; alles andere
stammt vom Bösen.

### Von der Vergeltung

38 Ihr habt gehört, dass gesagt worden ist: Auge für
Auge und Zahn für Zahn.
39 Ich aber sage euch: Leistet dem, der euch etwas Bö-
ses antut, keinen Widerstand, sondern wenn dich
einer auf die rechte Wange schlägt, dann halt ihm
auch die andere hin.
40 Und wenn dich einer vor Gericht bringen will, um
dir das Hemd wegzunehmen, dann lass ihm auch
den Mantel.
41 Und wenn dich einer zwingen will, eine Meile mit
ihm zu gehen, dann geh zwei mit ihm.
42 Wer dich bittet, dem gib, und wer von dir borgen
will, den weise nicht ab.

### Von der Liebe zu den Feinden

43 Ihr habt gehört, dass gesagt worden ist: Du sollst
deinen Nächsten lieben und deinen Feind hassen.
44 Ich aber sage euch: Liebt eure Feinde und betet für
die, die euch verfolgen,
45 damit ihr Söhne eures Vaters im Himmel werdet;
denn er lässt seine Sonne aufgehen über Bösen und
Guten, und er lässt regnen über Gerechte und Unge-
rechte.
46 Wenn ihr nämlich nur die liebt, die euch lieben,
welchen Lohn könnt ihr dafür erwarten? Tun das
nicht auch die Zöllner?
47 Und wenn ihr nur eure Brüder grüßt, was tut ihr
damit Besonderes? Tun das nicht auch die Heiden?
48 Ihr sollt also vollkommen sein, wie es auch euer
himmlischer Vater ist.

## Das Evangelium nach Matthäus, Kapitel 6

### Vom Almosen

1 Hütet euch, eure Gerechtigkeit vor den Menschen
zur Schau zu stellen; sonst habt ihr keinen Lohn
von eurem Vater im Himmel zu erwarten.
2 Wenn du Almosen gibst, lass es also nicht vor dir
herposaunen, wie es die Heuchler in den Synago-
gen und auf den Gassen tun, um von den Leuten
gelobt zu werden. Amen, das sage ich euch: Sie
haben ihren Lohn bereits erhalten.
3 Wenn du Almosen gibst, soll deine linke Hand
nicht wissen, was deine rechte tut.
4 Dein Almosen soll verborgen bleiben und dein
Vater, der auch das Verborgene sieht, wird es dir
vergelten.

35 noch bei der Erde – denn sie ist der Schemel, auf
dem seine Füße ruhen. Beruft euch auch nicht auf
Jerusalem, denn sie ist die Stadt Gottes.
36 Verbürge dich auch nicht mit deinem Kopf für
etwas, denn du kannst ja nicht einmal ein einziges
Haar weiß oder schwarz wachsen lassen.
37 Sag einfach ›Ja‹ oder ›Nein‹. Alle anderen Beteuerungen zeigen nur, dass du dich vom Bösen bestimmen lässt.«

### Vergeltung durch Liebe

38 »Es heißt auch: ›Auge um Auge, Zahn um Zahn!‹
39 Ich sage euch aber: Leistet keine Gegenwehr, wenn
man euch Böses antut! Wenn jemand dir eine
Ohrfeige gibt, dann halte die andere Wange auch
noch hin!
40 Wenn einer dich vor Gericht bringen will, um dein
Hemd zu bekommen, so gib ihm auch noch den
Mantel!
41 Und wenn einer von dir verlangt, eine Meile mit
ihm zu gehen, dann geh zwei Meilen mit ihm!
42 Gib jedem, der dich um etwas bittet, und weise
keinen ab, der etwas von dir leihen will.
43 Es heißt bei euch: ›Liebt eure Freunde und hasst
eure Feinde!‹
44 Ich sage aber: Liebt eure Feinde und betet für alle,
die euch verfolgen!
45 So erweist ihr euch als Kinder eures Vaters im
Himmel. Denn er lässt seine Sonne für Böse wie für
Gute scheinen, und er lässt es regnen für Fromme
und Gottlose.
46 Wollt ihr etwa noch dafür belohnt werden, dass ihr
die Menschen liebt, die euch auch lieben? Das tun
sogar die Zolleinnehmer, die sonst nur auf ihren
Vorteil aus sind!
47 Wenn ihr nur euren Freunden liebevoll begegnet,
ist das etwas Besonderes? Das tun auch die, die von
Gott nichts wissen.
48 Ihr aber sollt so vollkommen sein wie euer Vater im
Himmel.«

6

### Gutes tun

1 »Hütet euch davor, nur deshalb Gutes zu tun, damit
die Leute euch bewundern. Sonst könnt ihr von
eurem Vater im Himmel keinen Lohn mehr erwarten.
2 Wenn du einem Armen etwas gibst, dann posaune
es nicht hinaus wie die Heuchler. Sie reden davon
in den Synagogen und an jeder Straßenecke, um
von allen gelobt zu werden. Das sage ich euch: Diese
Leute haben sich ihren Lohn schon selber aus
bezahlt.
3 Wenn du jemandem hilfst, dann soll deine linke
Hand nicht wissen, was die rechte tut;
4 niemand soll davon erfahren. Dein Vater, der auch
das Verborgene sieht, wird dich dafür belohnen.«



35 noch bei der Erde, denn sie ist der Schemel der
Füße Gottes, noch bei Jerusalem, denn sie ist die
Stadt des großen Königs.
36 Du sollst auch nicht bei deinem Kopf schwören,
denn du kannst noch nicht einmal ein Haar weiß
oder schwarz machen.
37 Euer Wort soll ein eindeutiges Ja sein oder ein eindeutiges Nein. Was darüber hinausgeht, geschieht
aus Bosheit.
38 Ihr habt gehört, dass Gott gesagt hat: Auge um Auge
und Zahn um Zahn.
39 Ich lege euch das heute so aus: Leistet dem Bösen
nicht mit gleichen Mitteln Widerstand. Vielmehr,
wenn dich jemand auf die rechte Backe schlägt,
halte ihm auch die andere Backe hin.
40 Und wenn jemand gegen dich prozessiert, um dein
Hemd zu bekommen, gib diesem Menschen auch
deinen Mantel.
41 Wenn dich jemand zur Zwangsarbeit für eine Meile
Weg nötigt, gehe mit ihm zwei.
42 Gib denen, die dich darum bitten, und wende dich
nicht ab von denen, die etwas von dir borgen wollen.
43 Ihr habt gehört, dass Gott gesagt hat: Liebe deine
Nächste und deinen Nächsten und hasse die feindliche Macht.
44 Ich lege das heute so aus: Begegnet denen, die euch
Feindschaft entgegenbringen, mit Liebe und betet
für die, die euch verfolgen.
45 So werdet ihr Töchter und Söhne Gottes, eures
Vaters und eurer Mutter im Himmel, die ihre Sonne
über Böse und Gute aufgehen lässt und es über
Gerechte und Ungerechte regnen lässt.
46 Denn wenn ihr liebt, die euch lieben, welchen Lohn
wird Gott euch geben? Tun das nicht auch die Zöllnerinnen und Zöllner?
47 Und wenn ihr nur eure Geschwister grüßt, was tut
ihr Großartiges? Tun das nicht auch die Menschen
aus den Völkern?
48 Seid nun vollkommen, wie euer Gott im Himmel
vollkommen ist.

6

1 Achtet darauf, dass euer gerechtes Handeln nicht
mit der Absicht öffentlich erfolgt, euch zur Schau
zu stellen. Sonst habt ihr keinen Lohn bei Gott, für
euch Vater und Mutter im Himmel.
2 Wenn du also eine Tat der Barmherzigkeit tust, so
lass sie nicht vor dir her posaunen. So machen es
Scheinheilige in den Versammlungen und auf den
Straßen, um von den Menschen verehrt zu werden.
Wahrhaftig, ich sage euch: Sie haben ihren Lohn
schon empfangen.
3 Vielmehr, wenn du eine Tat der Barmherzigkeit
tust, lass deine linke Hand nicht wissen, was deine
rechte macht,
4 damit dein barmherziges Tun unauffällig bleibt.
Gott, Vater und Mutter für dich, sieht das Unauffällige und wird es dir anrechnen.

## Martin Luther (1984)

Vom Beten. Das Vaterunser

5 Und wenn ihr betet, sollt ihr nicht sein wie die
Heuchler, die gern in den Synagogen und an den
Straßenecken stehen und beten, damit sie von den
Leuten gesehen werden. Wahrlich, ich sage euch:
Sie haben ihren Lohn schon gehabt.
6 Wenn du aber betest, so geh in dein Kämmerlein
und schließ die Tür zu und bete zu deinem Vater,
der im Verborgenen ist; und dein Vater, der in das
Verborgene sieht, wird dir's vergelten.
7 Und wenn ihr betet, sollt ihr nicht viel plappern
wie die Heiden; denn sie meinen, sie werden erhört,
wenn sie viele Worte machen.
8 Darum sollt ihr ihnen nicht gleichen. Denn euer
Vater weiß, was ihr bedürft, bevor ihr ihn bittet.
9 Darum sollt ihr so beten: **Unser Vater im Himmel!
Dein Name werde geheiligt.**
10 **Dein Reich komme. Dein Wille geschehe wie im
Himmel so auf Erden.**
11 **Unser tägliches Brot gib uns heute.**
12 **Und vergib uns unsere Schuld, wie auch wir ver-
geben unsern Schuldigern.**
13 **Und führe uns nicht in Versuchung, sondern erlöse
uns von dem Bösen. [Denn dein ist das Reich und
die Kraft und die Herrlichkeit in Ewigkeit. Amen.]**
14 Denn wenn ihr den Menschen ihre Verfehlungen
vergebt, so wird euch euer himmlischer Vater auch
vergeben.
15 Wenn ihr aber den Menschen nicht vergebt, so
wird euch euer Vater eure Verfehlungen auch nicht
vergeben.

Vom Fasten

16 Wenn ihr fastet, sollt ihr nicht sauer dreinsehen wie
die Heuchler; denn sie verstellen ihr Gesicht, um
sich vor den Leuten zu zeigen mit ihrem Fasten.
Wahrlich, ich sage euch: Sie haben ihren Lohn
schon gehabt.
17 Wenn du aber fastest, so salbe dein Haupt und
wasche dein Gesicht,
18 damit du dich nicht vor den Leuten zeigst mit dei-
nem Fasten, sondern vor deinem Vater, der im Ver-
borgenen ist; und dein Vater, der in das Verborgene
sieht, wird dir's vergelten.

Vom Schätzesammeln und Sorgen

19 Ihr sollt euch nicht Schätze sammeln auf Erden,
wo sie die Motten und der Rost fressen und wo die
Diebe einbrechen und stehlen.
20 Sammelt euch aber Schätze im Himmel, wo sie
weder Motten noch Rost fressen und wo die Diebe
nicht einbrechen und stehlen.
21 Denn wo dein Schatz ist, da ist auch dein Herz.
22 Das Auge ist das Licht des Leibes. Wenn dein Auge
lauter ist, so wird dein ganzer Leib licht sein.
23 Wenn aber dein Auge böse ist, so wird dein ganzer
Leib finster sein. Wenn nun das Licht, das in dir ist,
Finsternis ist, wie groß wird dann die Finsternis
sein!

## Einheitsübersetzung (röm.-kath.)

Vom Beten – Das Vaterunser

5 Wenn ihr betet, macht es nicht wie die Heuchler.
Sie stellen sich beim Gebet gern in die Synagogen
und an die Straßenecken, damit sie von den Leuten
gesehen werden. Amen, das sage ich euch: Sie
haben ihren Lohn bereits erhalten.
6 Du aber geh in deine Kammer, wenn du betest,
und schließ die Tür zu; dann bete zu deinem Vater,
der im Verborgenen ist. Dein Vater, der auch das
Verborgene sieht, wird es dir vergelten.
7 Wenn ihr betet, sollt ihr nicht plappern wie die
Heiden, die meinen, sie werden nur erhört, wenn
sie viele Worte machen.
8 Macht es nicht wie sie; denn euer Vater weiß, was
ihr braucht, noch ehe ihr ihn bittet.
9 So sollt ihr beten: Unser Vater im Himmel, / dein
Name werde geheiligt,
10 dein Reich komme, / dein Wille geschehe / wie im
Himmel, so auf der Erde.
11 Gib uns heute das Brot, das wir brauchen.
12 Und erlass uns unsere Schulden, / wie auch wir sie
unseren Schuldnern erlassen haben.
13 Und führe uns nicht in Versuchung, / sondern rette
uns vor dem Bösen.
14 Denn wenn ihr den Menschen ihre Verfehlungen
vergebt, dann wird euer himmlischer Vater auch
euch vergeben.
15 Wenn ihr aber den Menschen nicht vergebt, dann
wird euch euer Vater eure Verfehlungen auch nicht
vergeben.

Vom Fasten

16 Wenn ihr fastet, macht kein finsteres Gesicht wie
die Heuchler. Sie geben sich ein trübseliges Aus-
sehen, damit die Leute merken, dass sie fasten.
Amen, das sage ich euch: Sie haben ihren Lohn
bereits erhalten.
17 Du aber salbe dein Haar, wenn du fastest, und
wasche dein Gesicht,
18 damit die Leute nicht merken, dass du fastest, son-
dern nur dein Vater, der auch das Verborgene sieht;
und dein Vater, der das Verborgene sieht, wird es
dir vergelten.

Von der falschen und der rechten Sorge

19 Sammelt euch nicht Schätze hier auf der Erde, wo
Motte und Wurm sie zerstören und wo Diebe ein-
brechen und sie stehlen,
20 sondern sammelt euch Schätze im Himmel, wo
weder Motte noch Wurm sie zerstören und keine
Diebe einbrechen und sie stehlen.
21 Denn wo dein Schatz ist, da ist auch dein Herz.
22 Das Auge gibt dem Körper Licht. Wenn dein Auge
gesund ist, dann wird dein ganzer Körper hell sein.
23 Wenn aber dein Auge krank ist, dann wird dein
ganzer Körper finster sein. Wenn nun das Licht in
dir Finsternis ist, wie groß muss dann die Finster-
nis sein!

## Hoffnung für alle

Wie man beten soll

5 »Betet nicht wie die Heuchler! Sie beten gern in den
Synagogen und an den Straßenecken, um gesehen
zu werden. Ich sage euch: Diese Leute haben sich
ihren Lohn schon selber ausbezahlt!
6 Wenn du beten willst, geh in dein Zimmer, schließ
die Tür hinter dir zu, und bete zu deinem Vater.
Und dein Vater, der auch das Verborgene sieht, wird
dich dafür belohnen.
7 Leiere nicht endlose Gebete herunter wie Leute, die
Gott nicht kennen. Sie meinen, sie würden bei Gott
etwas erreichen, wenn sie nur viele Worte machen.
8 Folgt nicht ihrem schlechten Beispiel, denn euer
Vater weiß genau, was ihr braucht, noch ehe ihr ihn
um etwas bittet.
9 Ihr sollt deshalb so beten: ›Unser Vater im Himmel!
Dein heiliger Name soll geehrt werden.
10 Lass deine neue Welt beginnen. Dein Wille gesche-
he hier auf der Erde, wie er im Himmel geschieht.
11 Gib uns auch heute wieder, was wir zum Leben
brauchen.
12 Vergib uns unsere Schuld, wie wir denen vergeben,
die uns Unrecht getan haben.
13 Lass uns nicht in Versuchung geraten, dir untreu
zu werden, und befreie uns vom Bösen. Denn dir
gehören Herrschaft, Macht und Ehre für alle Zeiten.
Amen!‹
14 Euer Vater im Himmel wird euch vergeben, wenn
ihr den Menschen vergebt, die euch Unrecht getan
haben.
15 Wenn ihr ihnen aber nicht vergeben wollt, dann
wird Gott auch eure Schuld nicht vergeben.«

Verhalten beim Fasten

16 »Wenn ihr fastet, dann schaut nicht so drein wie
die Heuchler! Sie setzen eine wehleidige Miene auf,
damit jeder merkt, dass sie fasten. Ich sage euch:
Diese Leute haben sich ihren Lohn schon selber
ausbezahlt!
17 Wenn du fastest, dann pflege dein Äußeres so,
18 dass keiner etwas von deinem Verzicht merkt –
außer deinem Vater im Himmel. Dein Vater, der
auch das Verborgene sieht, wird dich belohnen.«

Unvergänglicher Reichtum

19 »Häuft in dieser Welt keine Reichtümer an! Ihr
wisst, wie schnell Motten und Rost sie zerfressen
oder Diebe sie stehlen!
20 Sammelt euch vielmehr Schätze im Himmel, die
unvergänglich sind und die kein Dieb mitnehmen
kann.
21 Wo nämlich eure Schätze sind, da wird auch euer
Herz sein.«

Licht und Finsternis

22 »Das Auge gibt dir Licht. Wenn deine Augen das
Licht einlassen, wirst du auch im Licht leben.
23 Verschließen sich deine Augen dem Licht, lebst du
in Dunkelheit. Wenn aber das Licht in deinem In-
nern erloschen ist, wie tief ist dann die Finsternis!«

## Bibel in gerechter Sprache

5 Wenn ihr betet, sollt ihr euch nicht wie Scheinhei-
lige benehmen. Die lieben es, sich zum Gebet in
Versammlungen und an Straßenecken hinzustellen,
um sich so den Menschen zu zeigen. Wahrhaftig,
ich sage euch: Sie haben ihren Lohn schon empfan-
gen.
6 Wenn du also betest, geh in dein Zimmer, verschlie-
ße die Tür und bete zu deinem Gott, dem Unsicht-
baren. Gott, Vater und Mutter für dich, sieht das
Unauffällige und wird es dir anrechnen.
7 Wenn ihr betet, redet nicht endlos wie die Men-
schen aus den Völkern, die meinen, durch viele
Worte erhört zu werden.
8 Passt euch ihnen nicht an, denn Gott, Vater und
Mutter für euch, weiß, was ihr braucht, noch bevor
ihr darum bittet.
9 So also betet.
Du, Gott, bist uns Vater und Mutter im Himmel,
dein Name werde geheiligt.
10 Deine gerechte Welt komme.
Dein Wille geschehe,
wie im Himmel, so auf der Erde.
11 Das Brot, das wir brauchen,
gib uns heute.
12 Erlass uns unsere Schulden,
wie auch wir denen vergeben,
die uns etwas schuldig sind.
13 Führe uns nicht zum Verrat an dir,
sondern löse uns aus dem Bösen.
14 Denn wenn ihr den Menschen, die an euch schuldig
geworden sind, vergebt, wird euch Gott, Vater und
Mutter im Himmel, auch vergeben.
15 Wenn ihr aber den Menschen nicht vergebt, wird
Gott euch auch nicht vergeben, wenn ihr schuldig
geworden seid.
16 Wenn ihr fastet, schaut nicht finster drein wie die
Scheinheiligen, die ihr Gesicht verstellen, um als
Fastende bei den Leuten aufzufallen. Wahrhaftig,
ich sage euch, sie haben ihren Lohn schon empfan-
gen.
17 Wenn du fastest, salbe deinen Kopf und wasche
dein Gesicht,
18 damit du nicht wegen deines Fastens bei den Leuten
auffällst, sondern bei Gott, der Unsichtbaren. Gott,
Vater und Mutter für dich, sieht das Unauffällige
und wird es dir anrechnen.
19 Häuft nicht auf der Erde Schätze für euch an, wo
Motten und Fraß sie vernichten, wo Diebe einbre-
chen und stehlen.
20 Häuft vielmehr im Himmel Schätze für euch an, wo
weder Motten noch Fraß sie vernichten, wo Diebe
nicht einbrechen und stehlen.
21 Denn wo dein Schatz ist, wird auch dein Herz sein.
22 Das Licht des Körpers ist das Auge. Wenn nun dein
Auge klar und aufrichtig ist, wird dein ganzer Kör-
per von Licht erfüllt sein.

## Martin Luther (1984)

24 **Niemand kann zwei Herren dienen: Entweder er**
**wird den einen hassen und den andern lieben,**
**oder er wird an dem einen hängen und den an-**
**dern verachten. Ihr könnt nicht Gott dienen und**
**dem Mammon.**
25 Darum sage ich euch: Sorgt nicht um euer Leben,
was ihr essen und trinken werdet; auch nicht um
euren Leib, was ihr anziehen werdet. Ist nicht das
Leben mehr als die Nahrung und der Leib mehr als
die Kleidung?
26 Seht die Vögel unter dem Himmel an: sie säen nicht,
sie ernten nicht, sie sammeln nicht in die Scheunen;
und euer himmlischer Vater ernährt sie doch. Seid
ihr denn nicht viel mehr als sie?
27 Wer ist unter euch, der seines Lebens Länge eine
Spanne zusetzen könnte, wie sehr er sich auch
darum sorgt?
28 Und warum sorgt ihr euch um die Kleidung? Schaut
die Lilien auf dem Feld an, wie sie wachsen: sie
arbeiten nicht, auch spinnen sie nicht.
29 Ich sage euch, dass auch Salomo in aller seiner
Herrlichkeit nicht gekleidet gewesen ist wie eine
von ihnen.
30 Wenn nun Gott das Gras auf dem Feld so kleidet,
das doch heute steht und morgen in den Ofen ge-
worfen wird: sollte er das nicht viel mehr für euch
tun, ihr Kleingläubigen?
31 Darum sollt ihr nicht sorgen und sagen: Was wer-
den wir essen? Was werden wir trinken? Womit
werden wir uns kleiden?
32 Nach dem allen trachten die Heiden. Denn euer
himmlischer Vater weiß, dass ihr all dessen bedürft.
33 **Trachtet zuerst nach dem Reich Gottes und nach sei-**
**ner Gerechtigkeit, so wird euch das alles zufallen.**
34 Darum sorgt nicht für morgen, denn der morgige
Tag wird für das Seine sorgen. Es ist genug, dass
jeder Tag seine eigene Plage hat.

### Matthäus 7. Kapitel

Vom Richtgeist

1 Richtet nicht, damit ihr nicht gerichtet werdet.
2 Denn nach welchem Recht ihr richtet, werdet ihr
gerichtet werden; und mit welchem Maß ihr messt,
wird euch zugemessen werden.
3 Was siehst du aber den Splitter in deines Bruders
Auge und nimmst nicht wahr den Balken in deinem
Auge?
4 Oder wie kannst du sagen zu deinem Bruder: Halt,
ich will dir den Splitter aus deinem Auge ziehen?,
und siehe, ein Balken ist in deinem Auge.

## Einheitsübersetzung (röm.-kath.)

24 Niemand kann zwei Herren dienen; er wird entwe-
der den einen hassen und den andern lieben oder
er wird zu dem einen halten und den andern
verachten. Ihr könnt nicht beiden dienen, Gott und
dem Mammon.
25 Deswegen sage ich euch: Sorgt euch nicht um euer
Leben und darum, dass ihr etwas zu essen habt,
noch um euren Leib und darum, dass ihr etwas an-
zuziehen habt. Ist nicht das Leben wichtiger als die
Nahrung und der Leib wichtiger als die Kleidung?
26 Seht euch die Vögel des Himmels an: Sie säen nicht,
sie ernten nicht und sammeln keine Vorräte in
Scheunen; euer himmlischer Vater ernährt sie. Seid
ihr nicht viel mehr wert als sie?
27 Wer von euch kann mit all seiner Sorge sein Leben
auch nur um eine kleine Zeitspanne verlängern?
28 Und was sorgt ihr euch um eure Kleidung? Lernt
von den Lilien, die auf dem Feld wachsen: Sie arbei-
ten nicht und spinnen nicht.
29 Doch ich sage euch: Selbst Salomo war in all seiner
Pracht nicht gekleidet wie eine von ihnen.
30 Wenn aber Gott schon das Gras so prächtig kleidet,
das heute auf dem Feld steht und morgen ins Feuer
geworfen wird, wie viel mehr dann euch, ihr Klein-
gläubigen!
31 Macht euch also keine Sorgen und fragt nicht: Was
sollen wir essen? Was sollen wir trinken? Was
sollen wir anziehen?
32 Denn um all das geht es den Heiden. Euer himmli-
scher Vater weiß, dass ihr das alles braucht.
33 Euch aber muss es zuerst um sein Reich und um
seine Gerechtigkeit gehen; dann wird euch alles
andere dazugegeben.
34 Sorgt euch also nicht um morgen; denn der morgige
Tag wird für sich selbst sorgen. Jeder Tag hat genug
eigene Plage.

### Das Evangelium nach Matthäus, Kapitel 7

Vom Richten

1 Richtet nicht, damit ihr nicht gerichtet werdet!
2 Denn wie ihr richtet, so werdet ihr gerichtet wer-
den, und nach dem Maß, mit dem ihr messt und
zuteilt, wird euch zugeteilt werden.
3 Warum siehst du den Splitter im Auge deines Bru-
ders, aber den Balken in deinem Auge bemerkst du
nicht?
4 Wie kannst du zu deinem Bruder sagen: Lass mich
den Splitter aus deinem Auge herausziehen! – und
dabei steckt in deinem Auge ein Balken?

### Macht euch keine Sorgen!

24 »Niemand kann zwei Herren gleichzeitig dienen. Wer dem einen richtig dienen will, wird sich um die Wünsche des anderen nicht kümmern können. Er wird sich für den einen einsetzen und den anderen vernachlässigen. Auch ihr könnt nicht gleichzeitig für Gott und das Geld leben.
25 Darum sage ich euch: Macht euch keine Sorgen um euren Lebensunterhalt, um Essen, Trinken und Kleidung. Leben bedeutet mehr als Essen und Trinken, und der Mensch ist wichtiger als seine Kleidung.
26 Seht euch die Vögel an! Sie säen nichts, sie ernten nichts und sammeln auch keine Vorräte. Euer Vater im Himmel versorgt sie. Meint ihr nicht, dass ihr ihm viel wichtiger seid?
27 Und wenn ihr euch noch so viel sorgt, könnt ihr doch euer Leben um keinen Augenblick verlängern.
28 Weshalb macht ihr euch so viele Sorgen um eure Kleidung? Seht euch an, wie die Lilien auf den Wiesen blühen! Sie können weder spinnen noch weben.
29 Ich sage euch, selbst König Salomo war in seiner ganzen Herrlichkeit nicht so prächtig gekleidet wie eine dieser Blumen.
30 Wenn Gott sogar das Gras so schön wachsen lässt, das heute auf der Wiese grünt, morgen aber schon verbrannt wird, wie könnte er euch dann vergessen? Vertraut ihr Gott so wenig?
31 Zerbrecht euch also nicht mehr den Kopf mit Fragen wie: ›Werden wir genug zu essen haben? Und was werden wir trinken? Was sollen wir anziehen?‹
32 Mit solchen Dingen beschäftigen sich nur Menschen, die Gott nicht kennen. Euer Vater im Himmel weiß doch genau, dass ihr dies alles braucht.
33 Sorgt euch vor allem um Gottes neue Welt, und lebt nach Gottes Willen! Dann wird er euch mit allem anderen versorgen.
34 Deshalb sorgt euch nicht um morgen – der nächste Tag wird für sich selber sorgen! Es ist doch genug, wenn jeder Tag seine eigenen Lasten hat.«

## 7

### Verurteilt niemanden!

1 »Urteilt nicht über andere, damit Gott euch nicht verurteilt.
2 Denn so wie ihr jetzt andere verurteilt, werdet auch ihr verurteilt werden. Und mit dem Maßstab, den ihr an andere legt, wird man euch selber messen.
3 Warum siehst du jeden kleinen Splitter im Auge deines Bruders, aber den Balken in deinem eigenen Auge bemerkst du nicht?
4 Du sagst: ›Mein Bruder, komm her! Ich will dir den Splitter aus dem Auge ziehen!‹ Dabei hast du selbst einen Balken im Auge!



23 Aber wenn dein Auge missgünstig ist, wird dein ganzer Körper von Finsternis erfüllt sein. Wenn nun das Licht in dir Finsternis ist, wie groß ist die Finsternis!
24 Niemand kann zwei Mächten dienen. Entweder wirst du die eine Macht hassen und die andere lieben oder du wirst an der einen hängen und die andere verachten. Ihr könnt nicht Gott dienen und dem Geld.
25 Deswegen sage ich euch: Sorgt euch nicht ängstlich um euer Leben, was ihr essen oder was ihr trinken sollt, auch nicht um euren Körper, was ihr anziehen sollt. Ist nicht das Leben viel mehr als Essen, der Körper viel mehr als Kleidung?
26 Seht euch die Vögel des Himmels an: Sie säen nicht und ernten nicht, sammeln auch keine Vorräte in Scheunen – und Gott, Vater und Mutter für euch im Himmel, ernährt sie. Unterscheidet ihr euch nicht in vielem von ihnen?
27 Könnt ihr eurem Lebensalter auch nur eine kurze Strecke hinzufügen, indem ihr euch Sorgen macht?
28 Und was sorgt ihr euch um Kleidung? Betrachtet die Blumen auf den Feldern, wie sie sich im Wachsen entfalten: Sie mühen sich nicht ab und spinnen kein Kleid.
29 Doch ich sage euch: Nicht einmal Salomo in all seinem Glanz war schöner gekleidet als eine dieser Feldblumen.
30 Wenn aber Gott selbst die Gräser auf dem Feld so kleidet, das Kraut, das heute da ist und morgen in den Ofen geworfen wird, um wie viel mehr euch, ihr Menschen mit wenig Vertrauen!
31 So hört nun auf, euch zu sorgen und zu sagen: Was sollen wir essen? Oder: Was sollen wir trinken? Oder: Womit sollen wir uns kleiden?
32 Auf all dies richten die Menschen der Völker ihren Sinn. Gott, Vater und Mutter für euch im Himmel, weiß ja, dass ihr dies alles braucht.
33 Sucht hingegen zuerst die Welt und die Gerechtigkeit Gottes, und dies alles wird euch dazugeschenkt werden.
34 Sorgt euch deshalb nicht um morgen, denn der morgige Tag wird für sich selbst sorgen. Es reicht, wenn jeder Tag seine eigene Belastung hat.

## 7

1 Richtet nicht, damit Gott euch nicht dafür richtet;
2 denn an dem Urteil, das ihr fällt, wird Gott das Urteil ausrichten, und mit dem Maß, mit dem ihr messt, wird Gott euch messen.
3 Warum siehst du den Splitter im Auge deines Mitmenschen, aber den Balken in deinem Auge bemerkst du nicht?
4 Oder wie kannst du zu deinem Mitmenschen sagen: Lass mich den Splitter aus deinem Auge ziehen, und dabei steckt der Balken in deinem Auge?

## Martin Luther (1984)

5 Du Heuchler, zieh zuerst den Balken aus deinem Auge; danach sieh zu, wie du den Splitter aus deines Bruders Auge ziehst.
6 Ihr sollt das Heilige nicht den Hunden geben und eure Perlen sollt ihr nicht vor die Säue werfen, damit die sie nicht zertreten mit ihren Füßen und sich umwenden und euch zerreißen.

### Von der Gebetserhörung

7 **Bittet, so wird euch gegeben; suchet, so werdet ihr finden; klopfet an, so wird euch aufgetan.**
8 **Denn wer da bittet, der empfängt; und wer da sucht, der findet; und wer da anklopft, dem wird aufgetan.**
9 Wer ist unter euch Menschen, der seinem Sohn, wenn er ihn bittet um Brot, einen Stein biete?
10 Oder, wenn er ihn bittet um einen Fisch, eine Schlange biete?
11 Wenn nun ihr, die ihr doch böse seid, dennoch euren Kindern gute Gaben geben könnt, wie viel mehr wird euer Vater im Himmel Gutes geben denen, die ihn bitten!

### Vom Tun des göttlichen Willens

12 **Alles nun, was ihr wollt, dass euch die Leute tun sollen, das tut ihnen auch! Das ist das Gesetz und die Propheten.**
13 **Geht hinein durch die enge Pforte. Denn die Pforte ist weit und der Weg ist breit, der zur Verdammnis führt, und viele sind's, die auf ihm hineingehen.**
14 **Wie eng ist die Pforte und wie schmal der Weg, der zum Leben führt, und wenige sind's, die ihn finden!**
15 Seht euch vor vor den falschen Propheten, die in Schafskleidern zu euch kommen, inwendig aber sind sie reißende Wölfe.
16 An ihren Früchten sollt ihr sie erkennen. Kann man denn Trauben lesen von den Dornen oder Feigen von den Disteln?
17 So bringt jeder gute Baum gute Früchte; aber ein fauler Baum bringt schlechte Früchte.
18 Ein guter Baum kann nicht schlechte Früchte bringen und ein fauler Baum kann nicht gute Früchte bringen.
19 Jeder Baum, der nicht gute Früchte bringt, wird abgehauen und ins Feuer geworfen.
20 Darum: an ihren Früchten sollt ihr sie erkennen.
21 **Es werden nicht alle, die zu mir sagen: Herr, Herr!, in das Himmelreich kommen, sondern die den Willen tun meines Vaters im Himmel.**
22 Es werden viele zu mir sagen an jenem Tage: Herr, Herr, haben wir nicht in deinem Namen geweissagt? Haben wir nicht in deinem Namen böse Geister ausgetrieben? Haben wir nicht in deinem Namen viele Wunder getan?
23 Dann werde ich ihnen bekennen: Ich habe euch noch nie gekannt; weicht von mir, ihr Übeltäter!

## Einheitsübersetzung (röm.-kath.)

5 Du Heuchler! Zieh zuerst den Balken aus deinem Auge, dann kannst du versuchen, den Splitter aus dem Auge deines Bruders herauszuziehen.

### Von der Entweihung des Heiligen

6 Gebt das Heilige nicht den Hunden und werft eure Perlen nicht den Schweinen vor, denn sie könnten sie mit ihren Füßen zertreten und sich umwenden und euch zerreißen.

### Vom Vertrauen beim Beten

7 Bittet, dann wird euch gegeben; sucht, dann werdet ihr finden; klopft an, dann wird euch geöffnet.
8 Denn wer bittet, der empfängt; wer sucht, der findet; und wer anklopft, dem wird geöffnet.
9 Oder ist einer unter euch, der seinem Sohn einen Stein gibt, wenn er um Brot bittet,
10 oder eine Schlange, wenn er um einen Fisch bittet?
11 Wenn nun schon ihr, die ihr böse seid, euren Kindern gebt, was gut ist, wie viel mehr wird euer Vater im Himmel denen Gutes geben, die ihn bitten.

### Die Goldene Regel

12 Alles, was ihr also von anderen erwartet, das tut auch ihnen! Darin besteht das Gesetz und die Propheten.

### Von den zwei Wegen

13 Geht durch das enge Tor! Denn das Tor ist weit, das ins Verderben führt, und der Weg dahin ist breit und viele gehen auf ihm.
14 Aber das Tor, das zum Leben führt, ist eng und der Weg dahin ist schmal und nur wenige finden ihn.

### Von den falschen Propheten

15 Hütet euch vor den falschen Propheten; sie kommen zu euch wie (harmlose) Schafe, in Wirklichkeit aber sind sie reißende Wölfe.
16 An ihren Früchten werdet ihr sie erkennen. Erntet man etwa von Dornen Trauben oder von Disteln Feigen?
17 Jeder gute Baum bringt gute Früchte hervor, ein schlechter Baum aber schlechte.
18 Ein guter Baum kann keine schlechten Früchte hervorbringen und ein schlechter Baum keine guten.
19 Jeder Baum, der keine guten Früchte hervorbringt, wird umgehauen und ins Feuer geworfen.
20 An ihren Früchten also werdet ihr sie erkennen.
21 Nicht jeder, der zu mir sagt: Herr! Herr!, wird in das Himmelreich kommen, sondern nur, wer den Willen meines Vaters im Himmel erfüllt.
22 Viele werden an jenem Tag zu mir sagen: Herr, Herr, sind wir nicht in deinem Namen als Propheten aufgetreten und haben wir nicht mit deinem Namen Dämonen ausgetrieben und mit deinem Namen viele Wunder vollbracht?
23 Dann werde ich ihnen antworten: Ich kenne euch nicht. Weg von mir, ihr Übertreter des Gesetzes!

## Hoffnung für alle

5 Du Heuchler! Entferne zuerst den Balken aus deinem Auge, dann kannst du klar sehen, um auch den Splitter aus dem Auge deines Bruders zu ziehen.
6 Werft, was heilig ist, nicht vor die Hunde! Sie werden euch angreifen und in Stücke reißen. Und werft eure Perlen nicht vor die Säue! Sie werden die Perlen nur zertreten!«

### Gott erhört Gebete

7 »Bittet Gott, und er wird euch geben! Sucht, und ihr werdet finden! Klopft an, und euch wird die Tür geöffnet!
8 Denn wer bittet, der bekommt. Wer sucht, der findet. Und wer anklopft, dem wird geöffnet.
9 Würde jemand von euch seinem Kind einen Stein geben, wenn es um ein Stück Brot bittet?
10 Oder eine giftige Schlange, wenn es um einen Fisch bittet?
11 Wenn schon ihr hartherzigen Menschen euren Kindern Gutes gebt, wie viel mehr wird euer Vater im Himmel denen Gutes schenken, die ihn darum bitten!
12 So wie ihr von den Menschen behandelt werden möchtet, so behandelt sie auch. Denn das ist die Botschaft des Gesetzes und der Propheten.«

### Zwei Wege

13 »Geht durch das enge Tor! Denn das Tor zum Verderben ist breit und ebenso der Weg dorthin! Viele Menschen gehen ihn.
14 Aber das Tor, das zum Leben führt, ist eng, und der Weg dorthin ist schmal. Deshalb finden ihn nur wenige.«

### Eine Warnung vor falschen Propheten

15 »Nehmt euch in Acht vor denen, die in Gottes Namen auftreten und falsche Lehren verbreiten! Sie tarnen sich als sanfte Schafe, aber in Wirklichkeit sind sie reißende Wölfe.
16 Wie man einen Baum an seiner Frucht erkennt, so erkennt man sie an dem, was sie tun. Weintrauben kann man nicht von Dornbüschen und Feigen nicht von Disteln ernten.
17 Ein guter Baum bringt gute Früchte und ein kranker Baum schlechte.
18 Ein guter Baum wird keine schlechten Früchte tragen und ein kranker Baum keine guten.
19 Jeder Baum, der keine guten Früchte bringt, wird umgehauen und verbrannt.
20 Ebenso werdet ihr die falschen Propheten an ihren Taten erkennen.«
21 »Nicht, wer mich dauernd ›Herr‹ nennt, wird in Gottes neue Welt kommen, sondern wer den Willen meines Vaters im Himmel tut.
22 Am Tag des Gerichts werden zwar viele sagen: ›Aber Herr, wir haben doch als deine Propheten das weitergesagt, was du selbst uns aufgetragen hast! Wir haben doch in deinem Namen Dämonen ausgetrieben und mächtige Taten vollbracht!‹

## Bibel in gerechter Sprache

5 Welche Scheinheiligkeit! Zieh zuerst aus deinem Auge den Balken, dann siehst du klar und kannst den Splitter aus dem Auge deines Mitmenschen ziehen.
6 Gebt nicht Heiliges den Hunden und werft den Schweinen nicht eure kostbaren Perlen hin, damit sie sie nicht mit ihren Füßen zertreten und sich umdrehen und euch zerreißen.
7 Bittet, und Gott wird euch geben, sucht, und ihr werdet finden, klopft an, und ihr werdet eingelassen.
8 Alle, die bitten, empfangen, und die suchen, finden, und die klopfen, werden eingelassen.
9 Gibt denn ein Vater oder eine Mutter, die ihr Kind um Brot bittet, ihm etwa einen Stein?
10 Oder wenn es um einen Fisch bittet, geben sie ihm etwa eine Schlange?
11 Wenn schon ihr, die ihr ungerecht seid, euren Kindern gute Gaben geben könnt, um wie viel mehr wird Gott im Himmel, Vater und Mutter für euch, denen Gutes geben, die darum bitten.
12 Alles nun, das ihr wollt, das euch die Leute tun, tut es ihnen ebenso. Das sagen die Tora und die prophetischen Schriften.
13 Tretet ein durch das enge Tor! Denn weit ist das Tor und breit der Weg, der in den Untergang führt. Viele gehen diesen Weg.
14 Wie eng ist das Tor und wie schmal der Weg, der ins Leben führt! Wenige finden ihn.
15 Hütet euch vor den Menschen, deren Prophezeiungen Lügen sind! Sie kommen zu euch in Schaffelle gekleidet, aber innen sind sie raubgierige Wölfe.
16 An ihren Früchten werdet ihr sie erkennen! Können Weintrauben denn von Dornhecken gesammelt werden? Oder Feigen von Disteln?
17 Jeder gute Baum trägt gute Früchte. Aber ein kranker Baum trägt schlechte Früchte.
18 Ein guter Baum kann keine schlechten Früchte geben und ein kranker Baum keine guten.
19 Jeder Baum, der keine gute Frucht gibt, wird gefällt und ins Feuer geworfen.
20 Also, an ihren Früchten werdet ihr sie erkennen!
21 Nicht alle, die zu mir sagen: Ich glaube an dich! werden in Gottes Welt gelangen, sondern diejenigen, die den Willen Gottes, Vater und Mutter für mich im Himmel, tun.
22 Viele werden an jenem Tage zu mir sagen: Ich glaube an dich! Haben wir denn nicht in deinem Namen prophetisch geredet und in deinem Namen Dämonen vertrieben? Haben wir denn nicht in deinem Namen viele Wunder getan?
23 Und dann werde ich ihnen erklären: Ich habe euch niemals gekannt! Geht weg von mir, weil ihr die Tora übertreten habt.

## Martin Luther (1984)

Vom Hausbau
24 Darum, wer diese meine Rede hört und tut sie, der gleicht einem klugen Mann, der sein Haus auf Fels baute.
25 Als nun ein Platzregen fiel und die Wasser kamen und die Winde wehten und stießen an das Haus, fiel es doch nicht ein; denn es war auf Fels gegründet.
26 Und wer diese meine Rede hört und tut sie nicht, der gleicht einem törichten Mann, der sein Haus auf Sand baute.
27 Als nun ein Platzregen fiel und die Wasser kamen und die Winde wehten und stießen an das Haus, da fiel es ein und sein Fall war groß.
28 Und es begab sich, als Jesus diese Rede vollendet hatte, dass sich das Volk entsetzte über seine Lehre;
29 denn er lehrte sie mit Vollmacht und nicht wie ihre Schriftgelehrten.

## Einheitsübersetzung (röm.-kath.)

Vom Haus auf dem Felsen
24 Wer diese meine Worte hört und danach handelt, ist wie ein kluger Mann, der sein Haus auf Fels baute.
25 Als nun ein Wolkenbruch kam und die Wassermassen heranfluteten, als die Stürme tobten und an dem Haus rüttelten, da stürzte es nicht ein; denn es war auf Fels gebaut.
26 Wer aber meine Worte hört und nicht danach handelt, ist wie ein unvernünftiger Mann, der sein Haus auf Sand baute.
27 Als nun ein Wolkenbruch kam und die Wassermassen heranfluteten, als die Stürme tobten und an dem Haus rüttelten, da stürzte es ein und wurde völlig zerstört.

Die Wirkung der Bergpredigt
28 Als Jesus diese Rede beendet hatte, war die Menge sehr betroffen von seiner Lehre;
29 denn er lehrte sie wie einer, der (göttliche) Vollmacht hat, und nicht wie ihre Schriftgelehrten.


Bildnachweis

Agentur Focus; Magnum Photos:
Harry Gruyaert S. 6–7; Antoine d'Agata S. 14–15; Constantine Manos S. 16–17; John Vink S. 18–19; Jonas Bendiksen S. 20–21; Thomas Hoepker S. 26–27; Carl De Keyzer S. 28–29; Richard Kalvar S. 32–33; Ian Berry S. 36; Paolo Pellegrin S. 37; Eve Arnold S. 38; Larry Towell S. 39; Richard Kalvar S. 40; Thomas Dworzak S. 41; Micha Bar Am S. 42; Nikos Economopoulos S. 43; Ferdinando Scianna S. 44–45; Ian Berry S. 46–47; Steve McCurry S. 48–49; Rene Burri S. 50–51; Carl De Keyzer S. 52–53; Paul Fusco S. 54–55; Alex Webb S. 56–57; Rene Burri S. 58–59; Ian Berry S. 60–61; Rene Burri S. 64–65; Christopher Anderson S. 66–67; Davi Alan Harvey S. 68–69; Martin Parr S. 80–81; Jim Goldberg S. 82–83; Abbas S. 86–87; Alex Majoli S. 88–89; Thomas Hoepker S. 96–97; Martin Parr S. 98–99; Paolo Pellegrin S. 102–103; Abbas S. 106; Olivia Arthur S. 108–109; Ian Berry S. 110–111; Carl De Keyzer S. 112–113; Alex Webb S. 114–115; Ian Berry S. 116–117; Martin Parr S. 118–119; Nikos Economopoulos S. 122–123; Martin Parr S. 124–125; Harry Gruyaert S. 126; Burt Glinn S. 132–133; Raymond Depardon S. 134; Mark Power S. 137

Gettyimages:
Iconica; Joe Drivas S. 62–63; Photographer's Choice; Caroline Purser S. 78–79; Getty Images S. 84–85; AFP S. 100–101; Stone; Jeremy Walker S. 138–139

Eberhard Wolf:
S. 70–71, 128–129, 130–131
Fisch S. 9
Hände S. 94–95
Schwein S. 120–121

## Hoffnung für alle

23 Aber ich werde ihnen antworten: ›Ich kenne euch nicht, denn ihr habt nicht nach meinem Willen gelebt. Geht mir aus den Augen!‹«

### Ein festes Fundament

24 »Wer meine Worte hört und danach handelt, der ist klug. Man kann ihn mit einem Mann vergleichen, der sein Haus auf felsigen Grund baut.
25 Wenn ein Wolkenbruch niedergeht, das Hochwasser steigt und der Sturm am Haus rüttelt, wird es trotzdem nicht einstürzen, weil es auf Felsengrund gebaut ist.
26 Wer sich meine Worte nur anhört, aber nicht danach lebt, der ist so unvernünftig wie einer, der sein Haus auf Sand baut.
27 Denn wenn ein Wolkenbruch kommt, die Flut das Land überschwemmt und der Sturm um das Haus tobt, wird es aus allen Fugen geraten und krachend einstürzen.«

### Die Wirkung der Bergpredigt

28 Als Jesus seine Rede beendet hatte, waren die Zuhörer von seinen Worten tief beeindruckt.
29 Denn anders als ihre Schriftgelehrten sprach Jesus mit einer Vollmacht, die Gott ihm verliehen hatte.

## Bibel in gerechter Sprache

24 Alle, die nun meine Worte hören und entsprechend handeln, werden einer klugen Frau, einem vernünftigen Mann ähnlich sein, die ihr Haus auf Felsen bauten.
25 Und Regen fällt herab, es kommen reißende Flüsse, Stürme wehen und überfallen dieses Haus – und es stürzt nicht ein! Denn es ist auf Felsen gegründet.
26 Alle, die nun meine Worte hören und sie nicht befolgen, werden einer unvernünftigen Frau, einem dummen Mann ähnlich sein, die ihr Haus auf Sand bauten.
27 Und Regen fällt herab, es kommen reißende Flüsse, Stürme wehen und prallen an dieses Haus – da stürzt es in einem gewaltigen Zusammenbruch ein!«
28 Als Jesus diese Rede beendet hatte, war die Volksmenge von seiner Lehre überwältigt,
29 denn er lehrte das Volk wie ein Mensch, der Vollmacht hat, nicht so wie seine Gelehrten.

### Impressum

Bibliografische Information:
Deutsche Nationalbibliothek
Die Deutsche Nationalbibliothek verzeichnet diese Publikation in der Deutschen Nationalbibliografie; detaillierte bibliografische Daten sind im Internet über http://dnb.d-nb.de abrufbar.



Satz, Gestaltung, Umschlaggestalung und Bildauswahl: Eberhard Wolf, München
Texte: Jürgen Bolz
Herstellung: Hartmut Czauderna
Bildredaktion: Sylvie Busche, Markus Röleke
Druck und Bindung: Firmengruppe Appl, aprinta druck, Wemding
Reproduktion: Repro Ludwig, Zell am See
Printed in Germany

ISBN 978-3-629-02228-8

**Bitte besuchen Sie uns im Internet: www.pattloch.de**

5 4 3 2 1

### Dank

Ein solch aufwendiges Projekt wie dieses Buch lässt sich nicht im Alleingang realisieren. So habe ich mich im Vorfeld, aber auch während der Umsetzung mit zahlreichen Menschen beraten, sie nach ihrer Meinung und ihrer Position zur Bergpredigt gefragt und eine Menge wichtiger Anregungen bekommen. All diesen Menschen gebührt mein Dank.
Ganz besonders möchte ich aber Gerald Drews, Frieder Abels, Jürgen Bolz und Anne Ibsch-Wolf danken, die mit ihren Ideen, ihrer Kritik und Ermutigung entscheidend zum Erscheinen dieses Buches beigetragen haben.
Dem Pattloch Verlag gehört mein Dank für den Mut, dieses ungewöhnliche Projekt zu unterstützen.

München, im April 2009

Eberhard Wolf

AMEN.